116 267

CW01642284

Comité d'Etablissement EADS France
Etablissement de Suresnes
12 rue Pasteur
92150 SURESNES

EADS Suresnes

LES PORTES
DU ROYAUME OUBLIÉ

N.D. WILSON

LES PORTES DU ROYAUME OUBLIÉ

1. *Le secret du grenier*

Traduit de l'anglais (États-Unis)
par Alice Delarbre

hachette

L'édition originale de cet ouvrage a paru chez Random House,
New York, sous le titre :

100 CUPBOARDS

Text copyright © 2007 by N.D. Wilson
Carte © 2007 by Jeff Nentrup
© Hachette Livre, 2009 pour la traduction française.
Hachette Livre, 43 quai de Grenelle, 75015 Paris.

À mes grands-pères,

le lieutenant-colonel Lawrence Aubrey Greensides (retraité de l'United States Air Force)

et le lieutenant James Irwin Wilson (retraité de l'United States Navy),

pour avoir fertilisé le terreau de mon imagination...

1. Bibliothèque / Adria / Perdu
2. Cylindre / Aksum / Présent alternatif
3. Mur / Mistra / - CCM
4. G / Telmar / Passé alternatif
5. Place / Ur / Abîmé
6. Tumulus / Lindisfarne / Présent
7. Rue de l'E / Yarnton / Retard variable ?
8. / Endor /
9. Hall / Buda / Avant-guerre
10. Balcon / Fontevrault / Environ 1 C de perdu
11. Garde-manger / Milan / Alternatif ?
12. A. lunaire / Carnassus / Passé alternatif ?
13. Spirale / Lahore / Ruines
14. Kastra / Damas / IIIe C
15. Litière / Napata / Présent alternatif
16. Dunette / Île de la Tortue / Figé
17. Voie ferrée / Arizona / Maintenant
18. Trébuchet / Actium / Constant
19. Vaisselier / FitzFéeric / Passé Alternatif ?
20. Armoire / Kampong Lubok Reba / Présent
21. Frise / Karatepe / Cassé
22. Conduit / Masada / Variable
23. Vipère / Edom / Alternatif
24. / Passage /
25. Chutes / Rauros / Alternatif
26. Chute / Ein Gedi / Passé alt. - 2 M ?
27. Scellé / Dagin-Fulin / ?
28. B. de Bom Jesus / Goa / Présent
29. Dome / Sintra / Passé alternatif
30. Couloir / Kush / Abîmé
31. Coulisses / Théâtre du Globe, Hamlet / Passé véritable ? Alternatif ?
32. Jardin / S. Sophie / Passé pré-minaret alternatif
33. Humide / Henneth Annûn / Alternatif
34. Encyclo / Uqbar / Présent partiel
35. Castille inférieure / S. del Transito / Présent figé ?
36. En décomposition / Heorot / ?
37. Tunnel sous-marin / Germa / Variable
38. Tempore / / Présent alternatif ?
39. Lac / Tadrart Acacus / Maintenant
40. Cirque / Skara Brae / Maintenant
41. Labo / Crossos / Passé alternatif, - 4 M ?
42. P. / Arcturus / Nébuleux
43. Mont / Lerne / Maintenant
44. Égout / Topkapi / - 5 C
45. Bouche / Marmara / Alternatif ?
46. ? / Angkor / Variable
47. Couloir / Midge / Autre
48. Fougères / Constellation du Bouvier / Abîmé
49. / Passage /
50. Tourbe / Constellation de la Grue / À la traîne
51. Trou / Nara / Présent alternatif
52. Konya / Çatal Huyuk / Mouvant
53. Grenier / Mohenjo Daro / Perdu
54. Bassin / Bassorah / Ralentissement alternatif
55. Tombe / Lagash / Abîmé
56. Royaume / Mont Badon / Idem
57. Hôtel ? / Bovill / Maintenant
58. Creux / Iguazu / Maintenant mouvant
59. Narbonne / Carcassonne / 3 C plus tôt
60. Daxiong / Ningbo / Maintenant
61. Grange / Sol Duc / Présent Alternatif
62. Porte / Procyon / Changement continuel
63. Phare / Alexandrie / Présent Alternatif
64. Abrupt / Mégalithe / Jamais
65. Mousse / Morte / Présent nébuleux
66. ? / La Boîte à Bijoux / Perdu
67. Nef / Dochia / Futur Alternatif
68. Colonne / Thucydide / Alternatif
69. Mine / Myanmar ? / ?
70. Pompe / Rayfe / Temps accéléré
71. Cuve / Kimber / Maintenant alternatif
72. Sud de la ville / Boghazkoy / Passé alternatif, 3 C plus tôt
73. Rive / Amsterdam / Hier
74. Puits / Mine Cullinan / Perdu
75. Pin jaune / Tindrill / ?
76. Temple / Mysore / Passé alternatif, 4 C plus tôt
77. Correspondance / Byzanthamum / Quand ?
78. Mouvant / Saint L.O. / Printemps mouvant
79. Artillerie / La Vadrouille / Figé
80. Multitude / Constellation du Corbeau / Mort
81. Entrepôt / Rivière Cam ? / Peste
82. Moulin / Gilroy / Passé alternatif, L ans de retard
83. Reka / Skocjan / Passé ? Alternatif ?
84. Cloche / Delphes / Autre
85. Pied / Massis / Passé alternatif, 3 C plus tôt
86. Canal / Tenochtitlan / Présent alternatif
87. Marécage / Malden / Abîmé
88. Bleu / Cataldo / Futur alternatif
89. Grenier / Tonitruante / Maintenant
90. Sous la colonne 56 / Persépolis / Passé alternatif, dernier M
91. Cadre / Tana Chirkos / Partiellement perdu
92. ? / Ellora / Abîmé
93. Éperon de la mine / Montagnes Tordrillo / Maintenant
94. Milieu / Izamal / Changement continuel et alternatif
95. Porche / Rhodésie / Passé alternatif
96. Maquette / Saqqara / Perdu
97. Falaise / Nigéria / Maintenant
98. Coulisses / Épidaure / Aristophane, le seul et l'unique

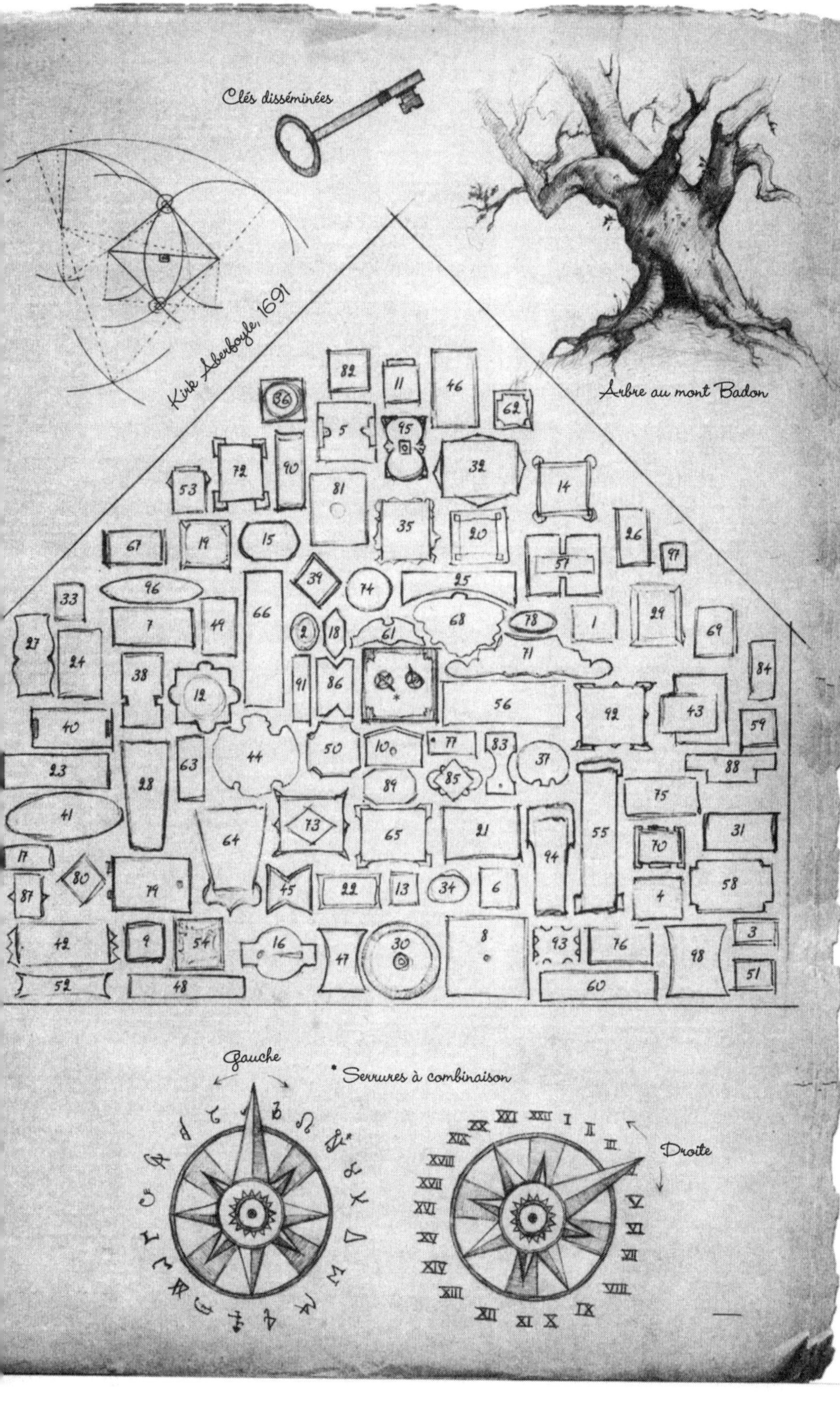
Clés disséminées
Kirk Aberfoyle, 1691
Arbre au mont Badon
Gauche
* Serrures à combinaison
Droite

Chapitre un

À Henry, les étés sont chauds et les hivers froids. Cette ville du Kansas est si calme qu'on entend parfois une mouche voler dans le magasin d'antiquités barricadé, sur la grand-rue ; elle cherche à sortir. Personne ne se souvient plus à qui appartient ce magasin, mais, si vous vous pressez contre la vitre, comme la mouche, vous verrez que les propriétaires ne possèdent pas grand-chose d'autre qu'une grande variété de roues de chariot. Oui, Henry est une ville tranquille. Pourtant, elle a connu des tornades. Lorsque le vent se lève, on dirait qu'il ne va jamais s'arrêter. Et, lorsqu'il est retombé, on désespère qu'il se remette jamais à souffler.

Il y a un arrêt de bus à Henry, mais il ne se trouve pas sur la grand-rue. Il est à un pâté de maisons au nord – les fondateurs de la ville voulaient éviter de surcharger la circulation sur l'artère principale. Une bourrasque a arraché un tiers de son toit, il y a quinze ans. Le même été, un pétard a atterri dans ses toilettes, provoquant un incendie. Les dégâts n'ont jamais été réparés, mais le conseil municipal veille à ce que le bâtiment soit repeint une année sur deux, toujours couleur piscine. Il n'y a jamais de graffiti. Les vandales seraient contraints de faire plus de trente kilomètres pour dénicher une bombe de peinture.

De temps à autre, un bus se traîne jusque dans la ville et marque un arrêt devant le bâtiment bleu aquatique, en partie découvert et aux petits coins carbonisés. Henry se réjouit toujours de la venue d'un bus. C'est si rare.

Ce jour-là, le jour où débute notre récit, les habitants avaient toutes les chances d'en voir un, car les Willis attendaient la visite de leur neveu. C'est pourquoi ils guettaient son arrivée.

Mme Willis était loin d'être aussi tranquille que la ville. Elle débordait d'énergie, et elle ne pouvait s'empêcher de monter et de descendre du trottoir comme si ce bus tant espéré allait l'emmener vers une nouvelle vie. Elle avait prévu de porter sa plus belle robe – c'était un des principes que sa mère lui avait inculqués –, mais elle était incapable de savoir laquelle de ses robes était la plus belle. Il était d'ailleurs fort possible qu'elle n'en possède même pas.

Elle avait donc gardé le pantalon de survêtement d'un bleu canard délavé et le tee-shirt qu'elle avait revêtus pour préparer des conserves. La vapeur avait rougi son visage jovial, et ses cheveux marron s'étaient libérés de la queue-de-cheval qu'elle avait pris soin de nouer. Ce jour-là – il fallait s'approcher suffisamment près d'elle pour le constater, et ce serait le cas de son neveu lorsqu'il l'embrasserait –, elle sentait un puissant parfum de pêche. Elle était de taille et de corpulence moyennes. Ses amis l'appelaient Dotty, son mari Dots et le reste du monde Mme Willis.

Les gens aimaient Dotty. Ils la trouvaient intéressante. Son mari inspirait rarement le même sentiment. Il était en général perçu comme quelqu'un de peu consistant, et pas seulement physiquement. Dotty, elle, lui reconnaissait une certaine épaisseur, et elle l'appréciait. Frank Willis semblait se contenter de cette affection.

Mme Willis cessa son va-et-vient et s'éloigna du rebord du trottoir : quelque chose scintillait au loin, le bus arrivait. Elle donna un coup de coude à Frank ; il ne montra aucune réaction.

Le bus amenait un Henry qui n'était pas une ville du Kansas. C'était tout bonnement un garçon de douze ans en provenance de Boston, qui serait accueilli par une tante et un oncle qu'il n'avait pas revus depuis l'âge de quatre ans. Il n'avait pas particulièrement hâte de les retrouver. Non parce qu'il craignait de ne pas les apprécier, mais plutôt parce que la vie lui avait appris à ne rien attendre d'elle.

Le véhicule s'immobilisa dans un tintamarre métallique. Henry se dirigea vers l'avant, salua une vieille dame bavarde comme une pie et descendit sur le trottoir dans un nuage de fumée qui lui laissa un goût d'essence dans la bouche. Le bus s'éloigna en faisant une embardée. Henry fut bientôt étreint par des bras douillets, et une odeur de pêche remplaça celle de l'essence. Tante Dotty s'écarta doucement en le tenant par les épaules. Le sourire sur son visage s'évanouit, et son expression se fit soudain sérieuse.

— Nous sommes sincèrement désolés pour tes parents, déclara-t-elle.

Elle avait plongé ses yeux dans ceux de Henry.

— Mais, ajouta-t-elle, nous nous réjouissons de ta présence parmi nous. Tes cousines trépignent d'impatience.

Quelqu'un lui tapota l'épaule, et le garçon leva la tête.

— C'est vrai, compléta oncle Frank en regardant le bus s'éloigner vers l'autre extrémité de la ville. La camionnette est par ici.

Il prit le sac marin de Henry, et tante Dotty l'escorta en plaçant un bras autour de ses épaules. C'était une vieille camionnette. Oncle Frank l'avait achetée à un gala de bienfaisance. Elle était d'un brun crasseux, genre fond de mare, tout juste bon à flatter l'œil des têtards et des grenouilles peu regardantes. Elle donnait l'impression d'être effroyablement bancale. Henry vit son sac atterrir sur la plate-forme arrière.

— Grimpe, l'invita oncle Frank en lui indiquant la même plate-forme. Le hayon est coincé, prends appui sur la roue pour te hisser. Je vais te filer un coup de main.

Henry plaça son pied sur le pneu et chercha à passer une jambe par-dessus bord. Comme il chancelait, son oncle le poussa, et Henry s'affala de tout son long.

Il n'avait jamais voyagé à l'arrière d'une camionnette, et il avait toujours cru que c'était illégal.

Il s'installa sur la partie bombée au-dessus d'une roue et se prépara à vivre une expérience spirituelle. Le moteur se réveilla, Frank fit craquer le levier de vitesses, qui lui résista en grinçant, et Henry, le garçon, glissa de son siège alors que la poussière de Henry, la ville, venait se poser sur ses cheveux. À la première intersection, la camionnette déplaça son centre de gravité pour prendre un virage à droite. Henry tomba sur le dos ; il écarta les bras et les jambes pour ne pas rouler. Quelques mètres plus loin, il sentit que les cahots de la route s'accentuaient. Les gravillons qui rebondissaient sur la carlingue étaient aussi bruyants que des coups de feu. Henry observait le nuage que le véhicule laissait dans son sillage et qui s'élevait dans le ciel, tout en évitant de se cogner la tête chaque fois qu'il passait sur un nid-de-poule. Oncle Frank finit par s'arrêter en appuyant comme un sourd sur la pédale de frein, et Henry vint taper tête la première contre la cabine avant. En se redressant à quatre pattes, il observa la maison bleu ciel dont il n'avait qu'un vague souvenir. Tante Dotty lui souriait dans le rétroviseur extérieur.

La bâtisse était grande, mais moins que la grange qui la surplombait. Un chat presque blanc paressait dans la cour. Il semblait révolté. De vieilles fenêtres à meneaux ponctuaient le rez-de-chaussée, une rangée de petites ouvertures ornait le premier étage, et un gros œil-de-bœuf donnait sur les combles. Sous le porche, où battaient au vent des carillons oxydés, trois filles dévisageaient Henry avec curiosité.

Henry était assis sur le plancher, dos au mur. Ses trois cousines lui faisaient face, les jambes croisées. Ils étaient dans le grenier. Le dernier étage de la maison était d'un seul tenant. Une vieille balustrade se trouvait au sommet de l'escalier escarpé qui y menait. Henry avait le regard perdu sur sa gauche, au-delà de l'immense œil-de-bœuf ; il refusait de se prêter au même jeu d'observation que ses cousines. À sa droite, à l'autre extrémité de la pièce, une porte à deux petits battants ouvrait sur ce qui n'était plus un placard mais la chambre de Henry. Oncle Frank s'était excusé pour son exiguïté et avait ajouté, avant que tante Dotty n'ait le temps de lui décocher un coup de coude dans les côtes, que, s'ils n'avaient jamais de nouvelles de ses parents et que Henry restait avec eux pour toujours, ils abattraient la cloison afin d'agrandir la pièce.

Le garçon l'avait remercié.

— Je m'appelle Anastasia, annonça la plus jeune.

— Je sais, répondit Henry.

Elle était petite et drôlement nerveuse pour une fillette de neuf ans. Elle avait des taches de rousseur. Ses cheveux étaient châtains, mais Henry avait le sentiment qu'ils auraient voulu être roux.

— Alors pourquoi n'as-tu pas dit « bonjour, Anastasia » en arrivant ? Par pure grossièreté ?

— Tais-toi, la réprimanda l'aînée.

Anastasia fit la moue.

— Puisque tu connaissais mon prénom, tu dois aussi connaître les leurs, non ?

Henry se tourna vers la plus grande. Ses cheveux

raides, presque noirs, lui tombaient sur les épaules. Elle lui sourit.

— Penny…, dit Henry avant d'ajouter en considérant la troisième, qui avait d'épaisses boucles brunes et des yeux verts, et… Henrietta.

Cette dernière le fixait, et il détourna le regard. Il avait le vague souvenir d'avoir réservé un sort terrible à son chat lors de sa précédente visite. Le souvenir se précisa soudain et il piqua un fard. Anastasia reprit la parole.

— Penny n'est pas son vrai prénom, déclara-t-elle en plissant les paupières.

Penny ramena ses jambes croisées vers sa poitrine.

— Tu racontes n'importe quoi, Anastasia.

— Pas du tout, insista cette dernière. Penny est le diminutif de Penelope.

— Mais tout le monde m'appelle Penny.

Henry chercha à croiser le regard de Henrietta.

— Et toi, est-ce qu'on t'appelle Henry ?

— Oui, répondit-elle, la mâchoire serrée. Et ça me déplaît.

— Henrietta, c'est trop long, rétorqua Anastasia.

Henry réfléchit quelques secondes.

— Ce n'est pas plus long qu'Anastasia.

Il refit le compte des syllabes mentalement, et ajouta :

— C'est à peine plus long.

— À une époque, j'avais envie qu'on m'appelle Josephine, mais c'est tout de suite devenu Jo, reprit Henrietta à l'attention de Henry. Que penses-tu de Beatrice ?

— Euh… C'est très bien.

— On pourra le raccourcir en Bea, intervint malicieusement Anastasia.

— Certainement pas, répliqua Henrietta. Surtout si tu tiens à tes dents.

— Arrêtez, intervint Penny. Pourquoi on ne dirait pas

tout bonnement Henrietta ? Maintenant que Henry est ici, on ne peut plus utiliser ce nom-là pour toi.

L'intéressée pesa le pour et le contre. Elle consulta Henry du regard, comme si elle avait besoin de son assentiment.

— D'accord, dit-il.

Le silence retomba, et les pensées vagabondes de Henry le ramenèrent à sa visite de la maison.

Le chat rebelle – l'une des filles l'avait appelé Noiraud – avait détalé pendant que tante Dotty entraînait Henry vers le porche.

— Henry, tu te souviens de tes cousines ! avait-elle déclaré.

Sacrée entrée en matière... Henry était ensuite devenu un maillon d'une chaîne humaine qui l'avait entraîné dans un tour express du propriétaire. Il avait vu des canapés, des cadeaux de défuntes grand-tantes, des lampes qui ne fonctionnaient plus, des trésors dénichés par oncle Frank sur le Net (notamment un fossile de poisson qui faisait désormais office de table basse). Plusieurs doigts lui avaient indiqué un escalier plongeant dans l'obscurité d'un sous-sol. On avait attiré son attention sur de nombreuses œuvres d'art exécutées par Frank et les filles. Tante Dotty les avait, en riant, qualifiés d'« artistes particulièrement locaux ». On avait même ouvert pour lui le tiroir aux merveilles, qui contenait une lampe de poche, une boîte de caoutchoucs, un petit coffre en plastique avec une marine sur le couvercle, ainsi qu'une couche sédimentaire de stylos, crayons, trombones et tubes de colle. On lui avait montré les petits coins, la ventouse, et on avait évoqué devant lui les problèmes de plomberie. On lui avait demandé de faire le silence devant le frigo et de guetter un ronronnement bizarre. Il n'avait rien entendu, mais on l'avait informé que cela pouvait arriver et qu'il était prévenu. Sur le palier du premier étage, il avait découvert la porte de la pièce qui donnait sur le devant de la maison. Henrietta l'avait appelée la chambre de papi, mais personne ne s'en était approché. Toutes les autres portes de la maison, toutes les penderies, tous les tiroirs et tous les placards avaient été ouverts. Mais pas cette pièce.

Henry reprit ses esprits. Il se trouvait toujours dans le grenier ; les filles ne s'étaient pas encore suffisamment lassées de sa présence pour partir.

— Henry ? l'interpella Anastasia. Henry, crois-tu que tes parents vont mourir ?

Penny lui décocha un regard noir, en vain. Henrietta et Anastasia ne quittaient pas leur cousin des yeux.

— Le père de Zeke Johnson a été tué par une moissonneuse-batteuse, poursuivit Anastasia en se penchant vers lui.

— Tais-toi ! s'écria Penelope. Si tu ne veux pas en parler, Henry...

— Penelope aime bien Zeke, rétorqua Anastasia.

Henrietta pouffa.

— Tout le monde apprécie Zeke, se rembrunit leur grande sœur.

Anastasia poursuivit :

— Il va tout seul au cimetière. Et il lance des balles de baseball sur la tombe de son père.

— M. Simon lui a conseillé de lui écrire une lettre d'adieu, mais il a refusé, expliqua Penelope en croisant les bras. Il préfère lui jeter des balles.

— Je n'ai aucune envie de parler de Zeke, intervint Henrietta. Penny le fait tout le temps. Je préfère discuter d'oncle Phil et de tante Ursula.

— Crois-tu qu'ils vont mourir ? répéta Anastasia.

— Tu n'es pas obligé de répondre, surenchérit Penelope.

Henry inspira profondément avant de soupirer.

— Non, c'est bon. Je ne sais pas grand-chose, de toute

façon. Ils ont été pris en otages pendant qu'ils traversaient la Colombie à bicyclette. Les types qui sont venus me voir à l'école m'ont expliqué que les ravisseurs réclameraient une rançon contre leur libération.

— Qu'est-ce qu'ils fichaient là-bas ? demanda Henrietta.

— Ils voulaient écrire un livre de voyage sur l'Amérique du Sud. Ils enchaînent les expéditions depuis que je suis en âge d'aller à l'école.

— Tu as dû visiter plein d'endroits, conclut Henrietta.

— Non. Ils ne m'ont jamais emmené avec eux. J'ai été à Disney World, mais avec ma nounou. Et en Californie, une fois.

— Tes parents ont vraiment été kidnappés ? demanda Anastasia. (Henry acquiesça.) Par des gens avec des pistolets ? Ils portaient des cagoules, à ton avis ? Ils doivent être ligotés et enfermés dans une cave à l'heure qu'il est...

— Je ne sais pas. Peut-être.

Les trois filles étaient impressionnées, elles se mordillaient les lèvres ou se rongeaient les ongles. Au bout d'un moment, la voix de Frank gravit les marches et se répercuta en écho sur les murs du grenier :

— Décrassage des crocs !

— Quoi ? demanda Henry.

Ses cousines se levèrent.

— Les dents, expliqua Henrietta. C'est l'heure de se laver les dents.

Chapitre deux

Henry avait du mal à trouver le sommeil. Tante Dotty avait préparé son lit pendant qu'il se brossait les dents, et oncle Frank avait placé un ventilateur sur le rebord de l'œil-de-bœuf. Il penchait dangereusement d'un côté en dépit des vieux bleus de travail qui servaient à le caler.

Sa chambre contenait un lit, sur lequel il était allongé, une petite table de chevet, sur laquelle une fougère en plastique aurait été très coquette mais sur laquelle se dressait présentement une lampe, et une commode à trois tiroirs. Les deux battants de la porte étaient ouverts ; Henry voulait profiter des bienfaits du ventilateur.

La lumière était éteinte. Il n'y avait aucune raison de l'allumer. La seule chose à observer dans cette pièce était un poster au plafond, et il avait fini de l'examiner depuis un moment. Oncle Frank lui avait expliqué qu'il lui avait appartenu dans sa jeunesse. Il représentait l'équipe de basket de l'université du Kansas. D'après Henry, elle n'avait pas dû réaliser des prouesses, vu l'allure peu sportive des joueurs.

Le grenier était illuminé par la lune, qui était basse dans le ciel et projetait sa lumière argentée sur les murs. Henry la fixa jusqu'à ce que ses yeux se mettent à le piquer. Il ne cillait pas, il était bien trop éveillé pour ça. Il se demandait s'il y avait une chance qu'il joue au baseball cet été-là. Il lui faudrait d'abord s'entraîner à lancer la balle. En cachette.

Henry espérait que ses parents s'en sortiraient et qu'ils reviendraient. Ce serait mieux s'ils attendaient la fin de l'été, pourtant, juste avant la rentrée scolaire. Ainsi, la saison de baseball serait terminée.

Henry songeait au baseball, mais aussi à la camionnette de son oncle et à l'odeur de sa tante – il avait du mal à l'identifier –, lorsqu'il entendit un bruit contre le mur au-dessus de sa tête. Il fit un bond dans son lit et s'efforça de contrôler sa respiration.

— C'était sans doute un oiseau, dit-il à voix haute. Une chouette ou une chauve-souris.

Il ferma les paupières, mais elles se rouvrirent d'elles-mêmes. L'animal qui avait tapé contre le mur grattait maintenant. À moins que son imagination ne lui joue des tours. Comment en être certain, après tout ? Un nouveau coup le surprit, plus doux cette fois.

Henry s'assit dans son lit et tenta de respirer normalement. Il imaginait de gigantesques chauves-souris qui percutaient le toit et des rats qui se faufilaient dans les murs. Il avait déjà entendu ces bruits mille fois, pourtant. Tourne-toi, se dit-il, ignore-les. Comme il en était incapable, il se leva pour aller dans la salle de bains. Il ouvrirait le robinet du lavabo et tirerait la chasse d'eau afin de laver son esprit avec des bruits familiers.

Au milieu du grenier éclairé par le clair de lune, l'escalier plongeait dans un trou noir ; les marches raides grincèrent sous ses pas. Quelqu'un avait oublié d'éteindre dans la salle de bains : un rai de lumière passait sous la porte et éclairait le tapis du palier. Au moment d'actionner la poignée, Henry s'immobilisa. Et s'il y avait quelqu'un à l'intérieur ?

Il avait horreur de frapper. Et il détestait les conversations à travers les portes de salle de bains. Il s'installa donc sur la dernière marche pour attendre dans le noir. Il était à peine assis que le battant s'ouvrit.

Un vieil homme sortit de la pièce. Il était petit. Son crâne luisant s'ornait de quelques mèches blanches rebelles sur les tempes. Il portait un pantalon en tweed, retroussé sur les chevilles, et une robe de chambre en satin violet pardessus un tee-shirt blanc sale. Le bas de sa robe de chambre traînait par terre, autour de ses pieds nus.

L'homme retirait de la crème à raser de son cou à l'aide d'une serviette. Il renifla bruyamment et se dirigea vers la chambre de papi, à l'extrémité du palier. La robe de chambre violette faisait comme une traîne de mariée derrière lui. Avant d'arriver, il jeta un regard par-dessus son épaule. Ses yeux d'un noir profond se posèrent sur Henry, dans l'obscurité.

Henry cligna des yeux, puis bâilla en étirant ses bras au-dessus de sa tête. Quelqu'un avait oublié d'éteindre la lumière dans la salle de bains et laissé la porte grande ouverte. Pourquoi était-il assis sur cette marche ? Il n'en avait aucune idée. Il savait seulement qu'il avait besoin d'aller aux toilettes.

Il s'exécuta, puis retourna à toute vitesse au grenier. Il se glissa sous ses draps et laissa son esprit divaguer. Il avait oublié quelque chose, il en avait la certitude. Il ne se rendit pas compte que ses yeux s'étaient fermés tout seuls. Bientôt il rêvait. Il se trouvait sur un terrain de baseball, où il lançait des balles. Et, détail étrange qu'il ne parvenait à s'expliquer, un homme en robe de chambre violette le regardait.

Chapitre trois

Henry dormit tard ce matin-là. Il ne se réveilla que parce que ses yeux refusaient de rester fermés, son corps avait eu son content de repos. Il sortit du lit, enfila un jean et un tee-shirt, dévala les marches abruptes de l'escalier – ses pieds étaient encore engourdis de sommeil. Il trouva sa tante dans la cuisine.

— Henry ! s'écria-t-elle en lui souriant.

Elle s'affairait autour de ses boîtes de conserve dans un tablier vert passé, les cheveux ébouriffés, le visage rouge comme une tomate. Une énorme marmite noire bouillait sur la cuisinière.

— Nous étions sur le point d'envoyer les secours ! dit-elle en riant et en mettant en marche une machine qui servait à extraire la pulpe de pommes fripées.

Henry observa le long serpentin de pelures et de trognons qui sortait à une extrémité.

— Ne fais pas cette tête, Henry ! Tu verras, c'est délicieux. Il y a des céréales sur l'étagère derrière toi, si tu veux. Je pense que ce serait une bonne idée après ta longue hibernation. Les bols sont sur la table. Et le lait dans le réfrigérateur.

— Merci, répondit Henry en préparant son petit déjeuner.

Il était habitué au lait écrémé, qui était presque bleu tellement il était translucide. Celui-ci ressemblait davantage à de la crème. Il était épais, indiscutablement blanc, et il nappait les céréales. À la première bouchée, Henry le sentit s'accrocher à ses papilles, qui lui firent la fête.

Dotty jeta un plein saladier de trognons dans la poubelle et se retourna.

— Très bien, Henry York. Quand tu auras fini de manger, tu rinceras ton bol. Ensuite, à moins que tu ne préfères retourner te coucher et sauter un autre repas, tu pourras aller rejoindre ton oncle dans la grange. Il a à te parler. Vous serez tranquilles, les filles sont en ville pour un anniversaire.

Elle essuya ses mains sur son tablier et se remit au travail.

Henry quitta la cuisine en se passant la langue sur les dents. Il enjamba une montagne de bottes en caoutchouc dans la buanderie, puis sortit par la porte de derrière. À l'extrémité de la vaste pelouse – qui aurait mérité d'être tondue – se tenait la grange. Au-delà, des champs rectangulaires s'étendaient à perte de vue, séparés seulement par des fossés d'irrigation et des chemins de terre. Le reste n'était que ciel.

Il observa le paysage, les yeux perdus dans le vague. En temps normal, il aurait été émerveillé par ce spectacle, la régularité des formes, leur simplicité, l'immensité que l'on embrassait d'un seul regard. Pourtant, perdu dans les méandres de son esprit embrumé, il cherchait à mettre de l'ordre dans ses idées, qui collaient à son crâne comme le lait à son palais.

C'est dans cet état de distraction que Henry se dirigea vers la grange. Il se retrouva face à une énigme. La porte coulissait, mais Henry ne parvenait pas à débloquer le loquet. Lorsqu'il réussit enfin, le lourd panneau de bois refusa de glisser sur ses rails rouillés. En s'arc-boutant et en poussant de toutes ses forces, il réussit toutefois à l'entrebâiller suffisamment pour se faufiler à l'intérieur. Le contenu de la grande pièce attisa tant sa curiosité qu'il ne remarqua pas les traces de rouille sur ses mains. C'était bien plus grand que ce à quoi il s'était attendu. De vieilles stalles s'alignaient de chaque côté. Une débroussailleuse et trois bicyclettes étaient pendues aux poutres.

— Henry ? C'est toi ?

La voix d'oncle Frank semblait provenir du plafond.

— Grimpe. Il y a une échelle au fond.

Henry l'aperçut : elle était clouée au mur, à la verticale. Il prit appui sur le premier échelon, une planchette sèche et sale, et suivit des yeux les montants qui s'élevaient jusqu'aux poutres. Chez lui, Henry dormait sur une mezzanine, et il n'était jamais allé plus haut.

— Henry ?

— Oui, j'arrive, oncle Frank.

— Tout en haut, je suis dans la soupente.

Henry se mit à gravir les barreaux. S'il tombait, il soulèverait un énorme tourbillon de poussière. Oncle Frank l'entendrait-il seulement ? Combien de temps resterait-il allongé, par terre ? Et de quoi aurait-il l'air, vu d'en haut ? Il frissonna.

À mi-parcours, il jeta un regard alentour. De grands nuages dessinés à la craie rose sur le sol entouraient une marelle. Il engloutit les derniers échelons deux par deux et passa la tête à travers l'ouverture pratiquée dans le plafond.

— Salut, Henry. Tu as aimé l'ascension ?

Oncle Frank était assis derrière un bureau qui croulait sous les papiers.

— Bien sûr, répondit Henry, le souffle court, en se hissant dans la soupente.

— Ça monte encore, reprit Frank en souriant. Jusqu'au pigeonnier. Tu peux y aller, si ça te chante. Il y a une petite porte qui donne sur le repaire des pigeons. Attention, le sol risque d'être glissant, ils sont passés dans le coin récemment.

Voyant que Henry ne montrait aucun désir de s'aventurer plus haut, oncle Frank poursuivit :

— Je voulais te parler de quelque chose. Ta tante n'est pas au courant, et je ne l'en informerai sans doute pas tout de suite, mais j'ai besoin de cracher le morceau, et tu es là.

— Qu'est-ce que c'est ? demanda Henry.

Frank avait installé un ordinateur sur un vieux vaisselier plein de portes et de tiroirs. L'écran était posé au milieu d'un bric-à-brac : figurines de toutes sortes, petits vases et outils. Henry discernait le manche d'une hache et un drapeau canadien miniature dans une pile d'objets, la moitié d'un modèle de bateau dans une autre.

Frank se carra dans son fauteuil et retroussa ses lèvres sur ses dents.

— J'ai ouvert une boutique en ligne, et je commercialise des produits dans le monde entier. Ça fait presque deux mois, et aujourd'hui j'ai touché le gros lot ! Je viens de vendre deux boules d'herbes sèches pour 1 500 dollars.

— Qui voudrait acheter ça ? Ça représente beaucoup d'argent.

Frank sourit et croisa ses mains derrière sa nuque.

— Oui, beaucoup. Je les aurais cédées pour 10 dollars, mais des hommes d'affaires japonais se sont emballés et les enchères se sont envolées. Du coup, me voilà riche : 750 dollars par boule.

— Waouh ! Tu penses vraiment qu'ils vont payer ?

— Bien entendu, dit-il en se penchant en avant. Si tu n'as rien de prévu, je te propose de m'accompagner en ville pour célébrer ça avec une glace. Va prévenir ta tante, je te rejoins dès que j'ai répondu à l'e-mail de mon nouveau client.

Henry ne voyagea pas à l'arrière de la camionnette, cette fois, et il fit des bonds entre la portière et le levier de vitesses. Il n'avait pas attaché sa ceinture. Il avait attendu qu'on l'y invite, mais ce n'était pas arrivé et il en était venu à la conclusion que ça n'arriverait pas.

Il baissa la vitre de son côté, sortit son bras et son visage pour sentir la caresse du vent. Comme ils allaient à l'autre bout de la ville, son oncle avait décidé de la contourner par une route de campagne plutôt que de la traverser. Henry avait eu un livre sur l'urbanisme de la part de son père pour Noël, et il s'était donc imaginé que ce serait une sorte de boulevard périphérique. Sauf qu'il y avait du gravier sur cette route. Et à peine deux voies.

Il abandonna ses rêveries sur le tissu urbain pour observer la ville de Henry, qui filait sur sa droite. Il fut soudain projeté contre la portière et se cogna au plafond : son oncle n'avait pas réussi à éviter un nid-de-poule. La poignée de la fenêtre s'était plantée dans sa cuisse et sa tête avait heurté quelque chose. Il ne boucla pas sa ceinture pour autant, mais verrouilla sa portière.

Les sauterelles qui jaillissaient devant la camionnette ne la suivirent pas lorsque Frank tourna à droite pour rejoindre la grand-rue et aborder la ville par l'autre flanc.

— C'est vraiment le chemin le plus rapide ? demanda Henry.

— Non, mais c'est le plus amusant. À quoi bon avoir une camionnette, sinon !

Ils commencèrent par déguster une glace à la station-service. Puis ils collèrent leur visage contre la vitrine du magasin d'antiquités, qui était toujours fermé, et plissèrent les yeux pour apercevoir les piles de roues poussiéreuses dans la pénombre. La glace avait ouvert l'appétit de

Frank, il emmena donc Henry *Chez Lenny*. Le propriétaire du restaurant, qui s'appelait Kyle, leur servit des cheeseburgers tout plats et des frites bien rebondies. Ils passèrent leur après-midi à flâner dans la ville, qui était pourtant plus petite que ce que Henry s'était imaginé. Ils atterrirent enfin dans le parc, où les retraités avaient organisé une vente de charité sous un pavillon en ruine.

En descendant de la camionnette, Henry fut entrepris par une vieille dame en chemise rouge. Elle l'invita à dépenser de l'argent : tous les bénéfices iraient à l'organisation du feu d'artifice du 4 Juillet sur le terrain de football. Henry n'avait pas un sou, et il n'était pas du tout intéressé par cette vente. Il s'installa contre un poteau.

— Henry ! l'interpella soudain Frank par-dessus trois rangées de tables. Tu as un gant ?

— Un gant ? Comment ça ?

— Un gant de baseball. Tu en as un ? Oh, laisse tomber, c'est un gant pour gaucher...

Henry se redressa.

— Je suis gaucher, mais je n'en veux pas. Je n'aime pas vraiment le baseball.

C'est ce qu'on dit généralement quand on pense « je suis nul ».

— Viens par ici l'essayer. Il faut toujours en avoir un.

Henry n'avait aucune envie de s'exécuter. S'il possédait un gant, il se trouverait toujours quelqu'un pour vouloir lui envoyer des balles. Il avait besoin de s'entraîner avant que ça arrive. Il se leva, toutefois, et se fraya un chemin entre les étals pour rejoindre son oncle. Le cuir était sombre et vieilli. Des craquelures couraient sur les doigts, mais la paume était brillante et lisse. Henry enfila le gant. Il lui allait à la perfection.

— On le graissera à la maison, dit Frank en attrapant le poignet de Henry et en lui collant sa main gantée sur le nez. Sens-moi ce cuir. Entretenu à la poussière et à la transpiration. Il a attrapé des milliers de balles. Rien ne vaut un vieux gant. Les neufs n'ont pas d'histoire.

*

*   *

Lorsqu'ils quittèrent la vente, Frank chargea une lampe à large pied et une collection incomplète d'encyclopédies à l'arrière de la camionnette. Henry était devenu le malheureux propriétaire non seulement d'un gant de baseball, mais aussi d'un couteau. C'était un Opinel dont la bague de sécurité ne fonctionnait plus. Ça lui faisait tout bizarre de le sentir dans sa paume. Ses parents ne lui avaient jamais interdit de posséder un couteau, sans doute parce qu'il ne leur avait pas traversé l'esprit que Henry pourrait un jour en avoir un. Il passa son pouce sur la lame.

— Il est émoussé, dit oncle Frank en quittant la route des yeux un instant. Je te l'aiguiserai. Dotty a les couteaux les plus tranchants du Kansas. N'importe quel abruti prend le temps d'affûter ses couteaux.

— Elle ne se blesse jamais ?

— Je vais t'apprendre un truc, Henry, ce sont les lames émoussées qui sont dangereuses. Tu ne te feras jamais d'entaille avec un Opinel aiguisé. Et si, par le plus grand des hasards, ça arrivait, ce serait une coupure propre et facile à soigner. Comme je te le dis. Je te conseille d'ailleurs de ne pas l'utiliser tant que je ne me serai pas occupé de lui.

— Entendu, oncle Frank, dit Henry en lâchant la lame, qui retomba mollement dans le manche. Pourquoi ne tient-il pas ouvert ?

Frank pianota sur le volant.

— Il doit y avoir une pièce cassée à l'intérieur. J'ai eu des tas de couteaux comme celui-ci. Ça ne change pas grand-chose, sauf s'il s'ouvre dans ta poche. Ça m'est arrivé une fois, j'ai encore la cicatrice. J'ai oublié que je l'avais sur moi et j'ai couru pour marquer un point au cours d'un match de baseball. Presse ton pouce sur la base de la lame quand tu l'utilises, et tu n'auras aucun problème. Tu auras même une meilleure prise.

— Entendu.

Il ne rangea pas le couteau dans sa poche. Oncle Frank gara la camionnette sur un terre-plein qui enjambait un fossé.

— Nous y voilà, Henry.

— Où ça ? demanda ce dernier.

Mais son oncle était déjà descendu.

Un filet d'eau coulait au fond du fossé, puis se déversait dans un conduit souterrain. Une boule d'herbes emmêlées et boueuses s'était formée sur la bouche de ce conduit. Frank attrapa l'écheveau d'herbes et le posa sur le bas-côté. Il dégouttait de fange.

— T'es-tu jamais demandé comment les grains de poussière s'assemblent par terre ? Le brin d'herbe que rumine une vache ressort transformé de son derrière, sèche au soleil, puis est piétiné. Ensuite, emporté par le vent, il entre par la fenêtre ouverte et se dépose sur le sol.

Frank jeta la boule d'herbes à l'arrière de la camionnette.

— Après, poursuivit-il en se frottant les mains, ce petit grain de poussière en rencontre un autre, qui provient, lui, de ton pull, tricoté à partir de la laine d'un mouton néo-zélandais, puis ils s'agglomèrent à un de tes poils, puis à un autre qui s'était accroché à ta chemise dans un restaurant... Ils sont ballottés, de-ci de-là, jusqu'à ce qu'ils se réfugient sous ton lit, dans un recoin.

Frank ficela les herbes.

— C'est la même chose avec les gens. Ils se perdent et vont cahin-caha jusqu'à trouver un abri.

Il noua l'extrémité de la ficelle avant de remonter dans la cabine. Henry s'installa à côté de lui.

— Il y a des trous aussi dans les villes, continua-t-il. Dans les maisons même. Des trous où les objets perdus se réunissent.

— Où ça, par exemple ? interrogea Henry.

Frank éclata de rire et démarra le véhicule.

— Dans les nombrils. À Cleveland. Ou ici, à Henry. C'est une petite ville, alors forcément il y a moins de gens perdus. Mais quelques-uns y atterrissent, et certains en repartent, en quête d'un nouveau trou.

Oncle Frank passa la première.

— J'étais perdu, autrefois, dit-il en regardant Henry. Plus maintenant. Je suis sous le lit. Dans un recoin. Toi, tu n'as pas fini ton voyage.

Frank avait eu beau les attacher à l'arrière de la camionnette, des herbes s'envolaient tous les cent mètres.

— Je suis tellement riche, expliqua Frank à Henry, lequel lui montrait une grosse poignée d'herbes qui venait de s'échapper, que lorsque des milliers de dollars quittent ma voiture, je n'ai même pas besoin de ralentir. Si j'avais deux sous de jugeote, j'aurais apporté une bâche. Nous verrons bien si je perds tout le fruit de ma cueillette avant d'arriver à bon port.

Il écrasa la pédale d'accélérateur. Une colonne de poussière, de graviers et d'herbes les suivit jusqu'à la maison. Frank n'hésita pas à la contourner en roulant sur la pelouse jusqu'à la grange. Henry descendit pour rejoindre Frank devant le hayon. La ficelle, à laquelle s'accrochaient encore quelques herbes, pendait derrière la camionnette. La lampe avait perdu son abat-jour, et la boîte contenant les encyclopédies s'était renversée, répandant son contenu.

— Tu vois, Henry, parfois j'aimerais qu'il y ait davantage de Dotty en moi. Jette ces herbes dans une des stalles, veux-tu ? Je vais prendre une bâche et y retourner rapidement. Reste ici. Et ne dis rien à ta tante.

— Promis.

Après le dîner, les adultes sortirent dans la cour pour la cigarette quotidienne à laquelle Frank avait droit. Henry suivit ses cousines dans leur chambre et s'allongea par terre pour digérer son repas. À l'invitation de son oncle, ils avaient partagé les morceaux de pain de viande que les filles avaient laissés. Son estomac était plus rempli qu'il ne l'avait jamais été. Il était incapable de suivre la conversation de ses cousines.

Une colonie de poupées avait investi la chambre. Les plus fragiles, en porcelaine, reposaient chacune sur un socle métallique et étaient alignées sur le dessus de la commode. D'autres, en chiffon, dont les yeux, le nez et la bouche étaient cousus, étaient jetées sur les lits. Enfin, une dernière, en plastique, était allongée sur le flanc et regardait fixement Henry. Une de ses paupières était close, ce qui lui donnait un air effrayant. Jusqu'à présent, les seules poupées qu'il avait jamais fréquentées étaient celles utilisées dans les rituels primitifs. Ses parents lui en avaient toujours rapporté de leurs voyages, aussi loin que remontaient ses souvenirs.

Des lits superposés occupaient un côté de la pièce. Un autre, plus petit, se trouvait contre le mur opposé. L'immense fenêtre qui les séparait donnait sur la grange. La vue depuis la chambre de Henry aurait été quasiment identique s'il avait eu une fenêtre.

— Pourquoi partagez-vous toutes les trois la même chambre ? interrogea-t-il en essayant de se redresser et en y renonçant aussitôt. La maison est très grande.

Il avait pris la parole pour couper court à un débat animé sur l'occupation de la soirée : jouer aux pirates ou au Monopoly. Henrietta se faisait l'avocate du jeu de plateau, Anastasia, des pirates. Penelope, affalée sur le lit du haut, ignorait la discussion ; elle avait parfaitement conscience que sa voix était déterminante et elle n'avait aucune envie de se prononcer. Elle préférait lire.

— C'est vrai, dit-elle en posant son livre. Il y a une autre chambre au rez-de-chaussée, mais c'est là que maman coud et que papa range la télévision. Je me demande s'il nous laissera la regarder ce soir...

— Il y a trois chambres à cet étage, poursuivit Anastasia, qui était assise aux pieds de Penny. Celle de maman et papa, celle-ci, et...

— Celle de papi, acheva Henrietta.

Elle plongea ses yeux dans ceux de Henry avant d'ajouter :

— Il est mort.

— Vraiment ? Je croyais...

Il s'interrompit subitement. Il savait que son papi était mort. Il se souvenait que sa mère l'avait appelé à l'école. Et d'autre chose aussi. Enfin presque. Il se rappelait seulement qu'il oubliait quelque chose. Ses cousines le fixaient. Il cligna des paupières.

— Oui, reprit-il en rougissant. Je sais.

— La chambre de papi est la plus belle de la maison, reprit Penelope en haussant le ton pour empêcher Anastasia et Henrietta de l'interrompre. Il y a un lit gigantesque, parce qu'il était immense, et les deux fenêtres donnent sur la cour de devant. Maman et papa s'y installeront lorsqu'ils auront réussi à l'ouvrir. Papa a perdu la clé. D'après lui, elle est quelque part sur son bureau.

— Et il refuse d'appeler le serrurier, comme le voudrait

maman, compléta Henrietta. Il dit que c'est un escroc et qu'il préfère réparer la porte tout seul.

— Et puis il y a le grenier, fit Anastasia. Tu y dors. Tout l'étage est pour toi. Maman dit qu'on ne peut plus monter jouer sans ta permission.

— Tais-toi, la tança Penelope.

— Qui a fermé la chambre de papi ? demanda Henry.

— Maman pense qu'elle n'est pas verrouillée mais cassée, répondit Penelope tandis que ses sœurs acquiesçaient. Papa raconte que les vieilles portes jouent de drôles de tours.

— Depuis combien de temps ne s'ouvre-t-elle plus ?

— Depuis la mort de papi, rétorqua Penelope. Il y a deux ans.

— La chambre est condamnée depuis deux ans ?

Penelope acquiesça.

— Personne n'y a mis les pieds depuis ? continua Henry en se relevant pour s'avancer sur le palier. C'est celle-ci, n'est-ce pas ?

Il chuchotait.

— Oui, dit Henrietta.

Henry passa à pas prudents devant la chambre de Frank et Dotty, puis devant la salle de bains. Les filles l'observaient en silence. La porte de la chambre de papi semblait vieille mais normale. La poignée en laiton oxydé pendait un peu. Henry tendit la main, puis se ravisa. Ses yeux ne voyaient plus le battant, ils se concentraient sur une image qui venait de surgir dans son esprit. Celle d'un petit vieux. Était-il violet ? Habillé en violet ? En robe violette ? Un petit vieux en robe violette qui le regardait jouer au baseball.

— Tu vois ?

Henry sursauta en entendant la voix de Henrietta tout près. Elle remuait la poignée.

— Viens maintenant.

— Je n'ai envie de jouer ni au Monopoly ni aux pirates, déclara Anastasia.

— Très bien, répliqua Penelope. Allez faire une marelle cannibale. Je vous rejoindrai. Elles jouent dans la grange, ajouta-t-elle à l'attention de Henry.

— Tu dis ça comme si tu étais une adulte, soupira Anastasia avant de se tourner vers son cousin. C'est elle qui a *inventé* la marelle cannibale.

En s'engageant dans l'escalier, Penelope précisa :

— Quand j'étais petite.

— Tu étais petite l'été dernier ? demanda Henrietta.

Les trois cousines disparurent au rez-de-chaussée. Un instant, Henry resta planté devant la porte de la chambre de son papi.

— Henry ? l'appela Anastasia.

Il les suivit.

Henry montra beaucoup de bonne volonté, mais, s'il aimait être dans la grange et regarder les nuages de poussière qu'il soulevait en sautillant, il était un peu gêné par le jeu. Ce n'était pas qu'il avait passé l'âge de faire comme si, simplement il avait l'habitude de jouer seul, dans sa chambre.

Il laissa donc les filles et rentra. Il emprunta à son oncle un vieux livre intitulé *Sortez le périscope !* et grimpa au grenier, en jetant au passage un coup d'œil à la porte close du premier étage. Le soleil ne s'était couché que depuis peu. Il s'assit sur son lit et observa à travers l'œil-de-bœuf les lampadaires de la ville, qui vacillaient, faiblissaient ou clignotaient. Au bout d'un moment, il ferma les battants de sa porte, s'allongea sur son lit en se demandant quel genre de livre Frank lui avait prêté et s'endormit la lumière allumée.

*
* *

Henry se réveilla en sursaut. La lumière le força à plisser les paupières. Il ne comprit pas tout de suite ce qui l'avait tiré de son sommeil. Il n'avait pas besoin d'aller aux toilettes, ses bras n'étaient pas engourdis et il n'avait pas faim. Il aurait pu dormir encore longtemps.

Un morceau de plâtre roula sur son front, rebondit sur l'extrémité de son nez et atterrit sur sa poitrine. Alors qu'il se passait une main dans les cheveux, de nouveaux fragments de mur dégringolèrent sur son ventre. Il s'assit dans son lit.

Un peu au-dessus de lui, deux petits boutons de porte avaient transpercé le mur. L'un d'eux tournait, très lentement. Un léger grincement crût jusqu'à ce qu'un bruit sourd ramène le silence, tout en provoquant une fine pluie de plâtre qui vint se déposer sur Henry et sur son lit.

Pendant plusieurs minutes, Henry fut incapable de faire autre chose qu'observer les boutons en retenant son souffle. Ils étaient parfaitement immobiles, et Henry se demanda s'il n'avait pas été victime d'une illusion en en voyant un bouger. Il avait peut-être rêvé.

Même si c'était le cas, maintenant il ne rêvait plus et les boutons étaient bien là, sous son nez. Henry savait qu'il n'y avait rien de l'autre côté du mur. Un étage en dessous, la fenêtre des filles donnait sur les champs et, encore plus bas, se trouvait la porte de derrière ouvrant sur le gazon qui dévalait jusqu'à la grange.

Henry s'installa face au mur et avança une main prudente vers les boutons. Il entreprit d'ôter des bouts de plâtre qui menaçaient de tomber. Déposant les gravats sur ses draps, il dégagea une zone tout autour des deux boutons, révélant une porte métallique carrée d'un vert terni qui ne mesurait pas plus de vingt centimètres de large. Henry se pencha pour examiner plus attentivement les boutons. Son ombre projetée le gênait, il approcha donc sa lampe de chevet.

Les boutons étaient au centre de la porte. Ils étaient petits, en laiton noirci, et reposaient sur de larges socles crasseux. Henry en prit un dans chaque main et les fit tourner. Ils n'offrirent aucune résistance et obéirent en silence, mais rien ne se produisit. Une grande pointe pivotait sur chaque socle. Tout autour du bouton gauche étaient gravés des symboles et, tout autour du droit, des chiffres. Les symboles étaient gradués de la lettre A à une sorte de G. Henry ne reconnaissait pas les autres signes. Le bouton droit était plus simple. Il était entouré de chiffres romains, de I à XXII. Il dénombra l'étrange alphabet : il comptait 19 lettres.

Henry n'avait jamais eu la bosse des maths, mais il savait qu'il lui suffisait de multiplier 19 par 22 s'il voulait connaître le nombre de combinaisons possibles pour ouvrir la porte. Cependant, il y avait une différence entre savoir comment obtenir quelque chose et l'obtenir pour de bon. Après plusieurs tentatives pour effectuer le calcul de tête, il descendit à pas de loup jusqu'au premier étage, puis jusqu'au rez-de-chaussée. Il courut dans la cuisine et farfouilla dans le tiroir aux merveilles à la recherche d'un crayon. Il dénicha un stylo et la notice explicative d'un mixeur. Il en arracha la dernière page et remonta dans sa chambre sur la pointe des pieds.

Les boutons n'avaient pas disparu. Henry s'agenouilla sur son lit et posa l'opération sur le bout de papier : 22 fois 19 égale… 418. Henry s'assit sur ses fesses sans quitter le nombre des yeux. 418, c'était beaucoup.

— Qu'est-ce que tu fiches ? demanda une voix dans son dos.

Henrietta se tenait dans l'embrasure de la porte. Ses cheveux épais étaient ébouriffés, l'oreiller avait laissé une marque sur sa joue, mais elle avait le regard brillant.

— Je t'ai entendu descendre, dit-elle en entrant dans la chambre. Qu'est-ce que tu as fait au mur ?

— Rien du tout. Il s'est fissuré, et j'ai voulu voir ce qu'il y avait sous le plâtre. J'ai découvert cette petite porte. Pour l'ouvrir, il faut connaître la combinaison, et j'ai calculé qu'il y avait 418 possibilités. Je vais donc toutes les essayer.

Henrietta s'installa sur le lit à côté de lui.

— Il y a quoi à l'intérieur, d'après toi ?

— Je ne sais pas encore.

— Oui, mais à ton avis ?

Henry se creusa la tête : que pouvait-on trouver derrière une porte secrète ?

— Les affaires de quelqu'un, peut-être. Des chaussettes, ou des chaussures. Ce qui serait chouette, ce serait de tomber sur de vieux stylos plume.

— Ah bon... J'aurais plutôt imaginé une carte ou un livre expliquant comment se rendre dans une ville inconnue, les clés d'un domaine oublié, ou bien même des diamants.

— De toute façon, je ferais mieux d'essayer de l'ouvrir. Je vais mettre la flèche sur le dernier symbole, puis le combiner avec tous les chiffres romains. Ensuite, je prendrai la lettre suivante, et je répéterai l'opération. Et ainsi de suite jusqu'à avoir exploré les 418 possibilités.

— Très bien, dit Henrietta en s'installant plus confortablement pour observer Henry. J'espère qu'il y aura une carte.

Il en était à la troisième lettre et demie lorsqu'elle l'interrompit pour la première fois :

— Il en reste combien ?

— J'en ai fait 76. Je suis incapable de faire la soustraction de tête, mais il y en a encore plus de 300.

Il venait de finir la cinquième lettre lorsqu'elle le coupa derechef :

— Henry, à quoi servent ces autres marques sur les boutons ?

— Quelles marques ?

— Celles-ci, dit-elle en se redressant sur les genoux et en s'humectant les pouces.

Henry se recula pour qu'elle puisse les nettoyer. Les grandes pointes qu'il faisait tourner sortaient des boutons. Lorsque Henrietta se rassit, Henry découvrit qu'il y avait trois autres flèches par bouton, beaucoup plus petites, qui les divisaient en quartiers.

— On dirait une boussole. Tu vois ? La grande pointe sert à indiquer le nord, et les trois petites, elles, marquent le sud, l'est et l'ouest. Je suis sûre qu'il y a une carte à l'intérieur. Pourquoi y aurait-il des boussoles, sinon ?

Henry ne répondit rien. Il s'affala sur le lit.

— Qu'est-ce qu'il y a ? s'inquiéta Henrietta.

— On ne réussira jamais à l'ouvrir.

— Ah bon ? Et pourquoi ? Arrête de râler, il n'en reste pas tant que ça.

— Il y a beaucoup plus de combinaisons. Je ne sais même pas comment calculer leur nombre. Avec toutes ces flèches, il doit y avoir des milliers de possibilités.

— Ah bon... Alors, on ferait peut-être mieux de se recoucher. On trouvera une solution demain.

— Oui, mais avant, dit-il en regardant ses draps, il faut que je nettoie.

Henrietta se leva et s'étira.

— Descends les secouer sur la pelouse.

Henry en rassembla les quatre coins et les jeta sur son

épaule comme un balluchon. Ils veillèrent à être discrets dans l'escalier. Devant la porte de la chambre des filles, ils se souhaitèrent une bonne nuit, puis Henrietta disparut. Henry sortit par la porte de derrière. Une fois dehors, il décida de s'éloigner de la maison pour que personne n'aperçoive le plâtre sur la pelouse. Ses pieds nus s'enfonçaient dans l'herbe grasse, mais il s'en moquait. Il regardait la voûte céleste, immense et étoilée, au-dessus de sa tête. La lune, pleine aux deux tiers, luisait juste au-dessus de l'horizon. Il descendit jusqu'à la grange, la contourna, secoua ses draps, puis s'assit.

Il n'avait jamais entendu parler d'une porte secrète. Chez lui, il aurait refusé de croire à l'existence d'une telle chose, mais ici c'était différent. Ici, tout était un peu étrange. Il ressentait exactement ce qu'il avait ressenti quand il avait découvert que les garçons de son âge pissaient debout et ne portaient pas de casque pour les cours d'EPS.

Il fallait qu'il apprenne si les portes oubliées et les villes secrètes existaient pour de bon, ainsi que les cartes et les livres indiquant le chemin pour s'y rendre. Il regarda l'immense pelouse couverte de rosée autour de lui et, l'espace d'un instant, il ne vit pas une pelouse, mais des millions de brins d'herbe verte qui existaient grâce à la lumière du soleil et à l'oxygène contenu dans l'air, qui poussaient et venaient chatouiller la plante humide de ses pieds. Chacun d'eux était pareil à un enfant sans casque, un enfant qui savait comment on faisait les choses.

Au-dessus de lui, les étoiles pétillaient de rire. Il était la risée de plusieurs galaxies, qui se donnaient des coups de coude.

— Il n'est pas au courant pour les villes secrètes, disait Orion. Sa mère ne lui en a jamais parlé.

La Grande Ourse souriait.

— Son père l'a-t-il prévenu pour les portes oubliées ?

— Jamais.

— Il ne lit pas les journaux ?

— Seulement les revues scientifiques et les magazines de voyages à bicyclette.

— Et les cartes ?

— Il ne connaît que celles qu'on dessine à l'école et qui indiquent les principales matières premières des pays.

— Aucune dont la légende mentionne la présence de dragons ?

— Non. Il a découvert un coffre fermé par une combinaison secrète, et sais-tu ce qu'il espérait trouver à l'intérieur ?

— Une corne de licorne ?

— Des chaussettes.

— Des chaussettes ?

— Ou des stylos.

— Des stylos ?

Henry soupira.

— J'ignore jusqu'au fonctionnement des boutons qui ferment cette porte..., dit-il en se levant et en se dirigeant vers la maison.

Un sentiment familier le tenaillait, le fameux « maintenant, je sais ». Un sentiment qui intimait : ce soir, tu te débarrasseras de ton casque et de ton ours en peluche.

En traversant la cuisine, Henry aperçut son couteau sur la table de la cuisine. Il le prit et l'ouvrit. La lame aiguisée lui souriait avec fierté. Le maintenant ouvert avec son pouce, il grimpa dans sa chambre.

Le vent se grattait le dos sur le flanc de la grange. Les étoiles dansaient sur le toit du monde et l'herbe ondulait, contente d'en être le tapis. Et Henry, agenouillé sur son lit, arrachait des pans de mur avec son couteau. Il avait mal au pouce.

Chapitre quatre

Lorsque le jour se leva sur le Kansas, la lumière se faufila à travers l'œil-de-bœuf, contourna le ventilateur, s'étira sur le plancher et sur une partie des murs du grenier. À l'autre extrémité, l'un des battants de la porte de Henry était ouvert, et on pouvait apercevoir une lueur, parmi les ombres, qui éclairait un pied nu. Une fois encore, Henry s'était endormi la lumière allumée. Enfin, plutôt qu'endormi, il s'était écroulé en travers de son lit quand le sommeil l'avait terrassé.

« Tu vas tomber », chuchota la lampe au pied de Henry.

Henry sursauta, ouvrant du coup l'autre battant, et s'assit dans son lit. L'éclat du jour l'éblouit. Il se tourna vers le mur. Des morceaux de plâtre pendaient encore dans les coins, près du plafond, et derrière son lit, au niveau du sol, mais une large zone autour des fameux boutons avait été dégagée, révélant une multitude de petites portes.

Henry se leva et se dirigea vers l'escalier. Il aurait sans doute des ennuis. Sa chambre était jonchée de débris qui s'étaient aussi accrochés à ses mains et à ses bras. Il avait même le goût du plâtre dans la bouche, ses narines étaient bouchées et ses yeux le brûlaient. Tout le monde devait déjà être levé, il ne pourrait jamais cacher ce qu'il avait fait pendant la nuit alors qu'il ressemblait à un mitron. Pourtant, Henry n'entendait que le tic-tac de l'horloge de la salle à manger. Il posa un pied sur la première marche, qui grinça très légèrement. Libérant sa respiration, il poursuivit sa descente en épiant les craquements et les couinements. Il n'avait pas anticipé le morceau de plâtre pointu qui se planta dans son pied.

En bondissant, Henry heurta du talon la marche supérieure et glissa. Il atterrit sur les omoplates, se cogna la tête et dévala l'escalier dans un nuage de poussière grise. Il était sûr d'être mort ou au moins paralysé, mais il parvint à remuer les orteils. Il se précipita dans la salle de bains.

Henrietta et tante Dotty, les deux seules à avoir été réveillées par la chute de Henry, sortirent de leur chambre. Le nuage de poussière descendait doucement l'escalier du grenier pour venir se déposer sur le tapis vert. La douche se mit à couler.

— File au lit, Henrietta, dit Dotty en bâillant. Ton cousin a besoin d'une montre.

Elles retournèrent se coucher.

*

* *

Henry observait le banc de sable qui s'était formé à ses pieds. Il le poussa contre la bonde jusqu'à ce qu'il ait complètement disparu. Une fois qu'il eut terminé, il remonta, enroulé dans une serviette, ses vêtements sales dans les bras.

Il se tint dans l'embrasure de la porte pour examiner l'état de sa chambre. Son lit était presque entièrement recouvert de morceaux de plâtre, petits et gros, alors que le sol ressemblait à quelque chose entre une plage et une allée de gravier. Il y avait de la poussière partout, sur la lampe, les murs, les portes, et même sur une partie du sol du grenier à l'extérieur de sa chambre. Il ne savait absolument pas comment il s'y prendrait pour nettoyer ce bazar, mais, pour l'heure, il s'en souciait comme d'une guigne. Il fixait le mur.

Lorsqu'il avait découvert une deuxième porte, il en avait déduit qu'il s'agissait sans doute d'un petit meuble encastré. Mais cette deuxième porte était d'un bois très clair, presque blanc, et contrastait fortement avec la première. Il ignorait de quelle variété de bois il s'agissait, et aucun habitant du Kansas n'aurait pu l'aider. Seules deux personnes auraient été en mesure de l'identifier. Le premier était un homme qui vivait dans un appartement délabré d'un quartier malfamé d'Orlando : après l'avoir reconnu, il aurait immédiatement cherché quelque chose de fort à boire tant il désirait oublier son enfance. L'autre était une vieille femme qui habitait en France et dont le mari avait rapporté du front de 14-18 des histoires très étranges et une petite bouture dans une tasse en fer-blanc. Il lui avait appris le nom de ce bois alors, ainsi que celui de l'homme qui le lui avait donné, et elle n'avait jamais oublié ni l'un ni l'autre. Une fois plantée, la bouture avait engendré un arbre robuste, qui se trouvait dans son jardin. Avant de mourir, il y avait de cela plusieurs années, son mari lui avait façonné un coffre à bijoux à partir de l'une de ses branches, arrachée par une tempête.

Henry ne connaissait pas ces gens. Il avait étudié la petite porte pâle et sa serrure en fer forgé, il l'avait même caressée des doigts, mais il avait été incapable de lire l'histoire que le bois voulait lui raconter.

— Qu'es-tu ? avait-il demandé à voix haute.

Puis il avait continué à enlever des bouts de plâtre jusqu'à ce qu'il ait découvert trente-cinq portes : il avait la certitude qu'il y en avait bien plus. La plupart d'entre elles étaient en bois, mais elles variaient toutes en taille, en grain et en couleur. Les formes aussi étaient diverses. Le bois de certaines était lisse, quand celui d'autres était si finement ciselé qu'il avait été impossible d'extraire le plâtre de toutes les volutes. Il y avait des boutons, des petites poignées et des objets que Henry n'avait jamais vus. Et il y avait une porte sans rien du tout. Il avait poussé, tiré et même légèrement cogné sur chacune d'entre elles, mais sans effet. Alors il était reparti à l'attaque du plâtre avec son couteau, dont la lame s'émoussait peu à peu. Une énorme ampoule ornait son pouce, et les articulations de ses deux mains étaient à vif.

Henry se fraya un chemin à travers les gravats jusqu'à sa commode pour en extraire des vêtements propres. Une fois qu'il les eut enfilés, il se rendit dans la cuisine pour y trouver un balai et une pelle. En chemin, son regard se posa sur l'horloge de la salle à manger et il comprit pourquoi personne n'était debout. Il ramassa la poussière et les débris de plâtre sur le sol de sa chambre et sur celui du grenier, puis les posa sur ses draps, dont il rassembla les quatre coins afin d'aller les secouer près de la grange. Il traîna le balluchon jusqu'à l'escalier et le poussa de marche en marche. Il ne s'était pas attendu à ce que ce soit aussi lourd. À la quatrième marche, il transpirait, et, chaque fois qu'il déplaçait le balluchon, un nuage de poussière s'élevait et venait se coller sur sa peau. Lorsqu'il atteignit le pied du deuxième escalier, il avait mal partout. Il s'assit dans la buanderie pour reprendre son souffle et enfiler ses chaussures.

Arrivé à la grange, il se retourna vers la maison. Son sac de gravats avait laissé une trace dans l'herbe grasse, mais il était trop tard pour y changer quoi que ce soit. Il compara le petit tas de plâtre qu'il avait déposé, plus tôt, avec la taille de son nouveau chargement : il lui faudrait s'éloigner davantage.

Il ne savait pas quelle distance il serait capable de parcourir. Les herbes hautes lui chatouillaient les coudes. Tout à coup, il ne sentit plus rien. À ses pieds se trouvait un vieux fossé d'irrigation. Henry lâcha son paquet, attrapa les draps par un côté et regarda son œuvre de démolition glisser le long de la butte de terre dans l'eau stagnante. Puis il s'assit. Il dégoulinait de sueur et, maintenant qu'il était immobile dans la brise matinale, il avait froid. Il s'allongea dans les herbes hautes pour se protéger du vent. Il se réchauffa.

La fatigue abandonna ses os, et il s'endormit.

*

*   *

Si les punaises aquatiques avaient été capables de voir à plus d'un mètre, plusieurs d'entre elles auraient remarqué la plante des pieds de Henry. Des insectes à la vue aussi perçante auraient également vu oncle Frank. Il était assis à côté de Henry, les jambes pendant dans le fossé. Dans sa main droite, il tenait une batte de baseball en bois et, de la main gauche, il piochait des morceaux de plâtre accrochés à la terre. Il les lançait doucement en l'air pour les frapper de sa batte. Quand il les ratait, il les regardait plonger avec un plouf dans l'eau. De temps en temps, il jetait un coup d'œil à Henry. Dotty lui avait raconté qu'il avait été matinal. Frank avait été chargé de le retrouver, et il s'était acquitté de sa tâche.

Frank Willis était un méditatif, même s'il n'en donnait pas souvent l'impression. Tout en jouant avec ces bouts de mur, il réfléchissait. La plupart des habitants de Henry, qui ne le croyaient pas très malin, auraient soutenu que ses pensées se limitaient à ce qu'il avait sous les yeux. Ils auraient parié qu'il songeait à son neveu, à des draps sales et à des éclats de plâtre dans un fossé.

Frank avait pris connaissance de toutes ces choses, mais

elles l'avaient amené à se souvenir d'un autre été, celui où il avait débarqué à Henry pour ne plus jamais en repartir. Il devait avoir à peine un an ou deux de plus que son neveu. Il s'était installé au bord de ce même fossé, derrière cette même grange. Il avait observé le paysage à perte de vue, le ciel uni, et il s'était demandé où était sa place.

Henry se retourna dans son sommeil, et son pied glissa dans le trou.

Frank le secoua par l'épaule.

Henry, réveillé en sursaut, considéra son oncle en clignant des yeux. Ce dernier brandit un bout de plâtre entre son pouce et son index, le lança et le rata.

— Tu faisais un cauchemar ? demanda-t-il. Tu n'avais pas l'air très bien, alors j'ai mis un terme à ta nuit.

Henry regarda son oncle prendre un autre débris, le toucher cette fois-ci et l'envoyer dans un champ, au loin.

— Oui, répondit-il. Enfin pas vraiment un cauchemar, plutôt un rêve bizarre.

— Tu aimes cet endroit ?

Henry acquiesça.

— Moi aussi, reprit Frank. Il m'inspire… Tu sais, Henry, j'ai appris des choses sur ce bas monde depuis notre dernière conversation. Je croyais que les hommes d'affaires japonais n'étaient pas avares, or ce n'est pas le cas. En tout cas, pas toujours. Ce n'est vrai que si l'on vient du Texas.

— Comment ça ?

— Eh bien, une heure ou deux après la fermeture de mes enchères, un type a proposé des « véritables boules d'herbes sèches du Texas ». Il a même ajouté un certificat d'authenticité et une petite photo encadrée de l'endroit où il les trouvait. Mes acheteurs se sont rétractés et ont choisi sa marchandise.

— Je suis désolé, oncle Frank. Que vas-tu faire de toutes ces boules d'herbes entreposées dans la grange ?

— Les libérer, dit-il en soupirant. Elles sont sauvages, de toute façon. La vie en captivité, ce n'est pas pour elle.

Frank lança trois morceaux de plâtre coup sur coup : il ne rata que le dernier.

— Faut-il les rapporter où on les a trouvées ?

— Non, je les lâcherai dans la cour. La nature se chargera du reste.

Frank prit appui sur la batte pour se hisser sur ses pieds. Henry le suivit.

— Le vent les emportera peut-être pour un petit voyage, reprit Frank. J'aime l'idée qu'elles pourraient voir du pays, partir en pèlerinage avant de s'installer...

Il se tourna vers Henry avant d'ajouter :

— Nous avons du pain sur la planche, nous avons intérêt à rentrer.

— Ah bon ? Quoi ? demanda Henry.

— J'ai commencé à aiguiser ton couteau hier soir, mais je voudrais peaufiner mon travail. Et, ajouta-t-il en brandissant la batte, j'ai déniché ça dans la grange pour qu'on puisse jouer au baseball.

En se frayant un chemin dans les hautes herbes, il conclut par-dessus son épaule :

— N'oublie pas tes draps. Tu devrais les secouer, d'ailleurs.

Henry s'exécuta, puis emboîta le pas de son oncle.

— On m'a dit que tu avais dévalé l'escalier ce matin. Tu ne t'en es pas mal tiré. Ça m'est déjà arrivé. Et je me suis cassé la clavicule.

— Oui, il était tôt. Je craignais d'avoir encore fait la grasse matinée.

— Ne t'inquiète pas pour ça. Les garçons de ton âge doivent dormir pendant l'été. Comment grandiraient-ils autrement ? Dots veut que je te dégote une horloge pour ta chambre. Je ne crois pas avoir ça dans la grange. En état de marche en tout cas. Attendons qu'elle en reparle.

Frank se mit à siffloter. Il jeta un coup d'œil derrière lui pour s'assurer que Henry était suffisamment loin, puis il abattit sa batte dans les herbes. La grange était dans leur dos, maintenant.

— Tu aurais d'autres affiches, oncle Frank ? demanda Henry d'une voix qui, espérait-il, ne laissait pas transparaître la culpabilité. Pour les murs de ma chambre...

Frank se gratta le menton et s'arrêta devant la porte de derrière.

— J'en doute, mais je regarderai quand même. Occupons-nous d'abord de ton couteau. On jouera au baseball après le déjeuner. Où l'as-tu mis ? Tu as dû le récupérer, je l'avais posé sur la table de la cuisine hier soir.

— Oui, il est dans ma chambre, je vais aller le chercher.

Henry laissa son oncle en plan, se débarrassa de ses chaussures dans la buanderie et grimpa les marches quatre à quatre. Une fois dans sa chambre, il jeta les draps sur son lit, poussa ses vêtements sales de la veille dessous, récupéra son couteau sur la commode, puis dévala l'escalier. Il trouva son oncle assis à la table de la salle à manger.

— Je ne vois pas pourquoi il faudrait interdire aux garçons de courir, disait-il. Henry se réjouit de faire aiguiser son couteau.

Il était occupé à dérouler un vieux chiffon. Tante Dotty apparut sur le seuil de la cuisine. Elle souriait.

— Méfie-toi, Henry, il aura presque complètement usé la lame quand il en aura terminé.

Elle disparut avant que Frank n'ait le temps de rétorquer.

— Ce n'est pas vrai ! lui cria-t-il. N'écoute pas ce qu'elle raconte... Bien, Henry, ouvre-le.

Frank l'examina avant de déclarer :

— À la vérité, je ne sais pas pourquoi je te l'ai acheté.

Le cœur de Henry se serra. Il pensait bien qu'il était impossible que ses draps et tout ce plâtre n'aient pas éveillé les soupçons de son oncle... Les ennuis commençaient.

— Il est inutilisable, poursuivit-il. La lame est déjà minuscule et sa pointe est cassée. Je peux toujours te l'aiguiser, mais il t'en faut un autre. Vis ta vie pendant que je m'en occupe, ça va prendre un petit moment. Je t'appellerai quand j'aurai terminé.

— Tes cousines jouent dans la grange, si tu veux, lança Dotty avant de brancher l'aspirateur.

— Merci ! répondit-il.

Il remonta. Henrietta était agenouillée sur son lit, elle étudiait le mur. Ses cheveux étaient tirés en arrière en tresse serrée.

— J'ai enlevé l'affiche, j'espère que tu ne m'en veux pas.

Elle lui souriait de toutes ses dents. Elle paraissait différente sans ses boucles, plus petite. Henry la regarda faire courir ses mains sur les différentes portes.

— À quoi servent-elles ? demanda-t-elle.

— Sans doute à ranger des trucs, répondit-il. Des trucs importants.

Il s'installa à son côté sur le lit et ils observèrent ensemble les portes.

— À ton avis, il y en a combien d'autres ? l'interrogea-t-elle.

— Je parie qu'elles recouvrent tout le mur.

— Tu as essayé de toutes les ouvrir ? dit-elle en s'acharnant sur une poignée.

— Oui. J'ai abîmé mon couteau à force d'arracher du plâtre, la nuit dernière, et je ne pourrai pas l'utiliser ce soir parce que ton père est en train de l'aiguiser. Il se posera des questions s'il est déjà émoussé demain matin.

— Il y a de vieux outils au sous-sol et dans la grange.

Je suis sûre qu'on trouverait un burin. Tu veux que j'aille voir ?

— Si ça ne t'embête pas.

— La blanche est ma préférée. C'est celle qui a l'air le plus joyeux. Il y en a certaines qui donnent l'impression de ne pas vouloir être là, mais la blanche est heureuse.

— Comment ça ? demanda Henry en se redressant. Je trouve que c'est la plus propre, mais comment pourrait-elle être plus heureuse que les autres ? Ce n'est pas quelque chose qu'on dit d'une porte.

— Ah bon ? Mais regarde la minuscule grise, là, elle a bien l'air triste !

C'était la plus petite de celles que Henry avait dégagées, elle ne mesurait pas plus de dix centimètres de hauteur sur douze de largeur. Sa surface métallique était rainurée et des morceaux de plâtre s'étaient accrochés dans les entailles. Un petit panneau noir était incrusté dans sa partie inférieure.

— Elle n'a pas du tout l'air triste. Elle était coincée derrière ce mur depuis je ne sais combien de temps. Elle est sans doute ravie d'être libérée.

— À mon avis, elle n'a aucune envie de se retrouver dans notre grenier. Elle aimerait mieux être ailleurs. En quoi est fait ce bout noir, d'après toi ? Je crois que c'est du plastique, ajouta-t-elle en le tapotant de l'ongle.

— Vraiment ? Le plastique n'est pas un matériau assez ancien, si ? demanda Henry en grattant le panneau et en sentant s'accumuler de la matière sous son ongle. Oh !

— Quoi ? Que se passe-t-il ? l'interrogea Henrietta en attrapant son doigt pour l'observer.

— J'ai l'impression que c'est de la peinture. Il y a sans doute une vitre dessous.

— Ah oui ? On pourrait voir derrière avec une lampe torche, alors.

Henrietta se mit à racler le panneau des deux mains.

— Henry ? s'éleva la voix de Dotty. Le déjeuner est prêt, descends. Henrietta aussi, si tu es là-haut.

Celle-ci sursauta.

— Est-ce qu'on pourrait faire comme si on n'avait pas entendu ? demanda-t-il.

— Non, elle monterait. Allons-y. On s'en occupera plus tard.

— Henry ! répéta Dotty.

— On arrive, maman ! cria Henrietta en le forçant à se lever du lit.

Anastasia et Penelope avaient déjà commencé à manger quand ils arrivèrent. Oncle Frank était assis entre elles, et il passait le couteau de Henry sur une pierre. Deux assiettes de sandwichs au fromage toastés et deux verres de lait étaient posés devant les filles.

— Qu'est-ce que tu fabriquais, Henrietta ? interrogea Anastasia tout en mastiquant. Tu avais dit que tu reviendrais jouer avec nous.

— C'est vrai, mais j'ai croisé Henry et on s'est mis à discuter.

— De quoi ? insista Anastasia. De Zeke Johnson ?

Elle attrapa un morceau de fromage entre deux miettes de pain et l'étira jusqu'à ce qu'il ne soit plus qu'un long fil. Henrietta lui jeta un regard noir.

— Arrête, lança Penelope.

— Pourquoi ? rétorqua Anastasia. Elle a dit qu'elle revenait, et je veux seulement savoir de quoi ils ont papoté. Vous parlez tout le temps de Zeke, quand vous êtes ensemble.

— Les filles, intervint oncle Frank, je crois que ça n'a aucune importance. Vous jouerez après le déjeuner.

Henry se tourna vers Henrietta. Sa mâchoire était serrée. Penelope était rouge.

— On discutait de portes oubliées, de villes secrètes et du moyen de les trouver, dit Henry en mordant dans son sandwich.

— C'est amusant, répondit Penelope. J'ai découvert une porte secrète dans la salle de bains, un jour.

— Tu as surtout découvert des crottes de souris, la reprit Dotty, qui arrivait avec le sandwich de Frank.

— Des crottes de souris qui menaient à une trappe.

— Et qu'en as-tu fait ? demanda Henry.

— J'ai installé des pièges à souris et condamné la trappe, expliqua oncle Frank.

— Je pourrais te montrer, proposa Penelope. Si papa m'autorise à la rouvrir.

— Certainement pas ! lança Dotty depuis la cuisine. Je ne veux pas que tu abîmes la peinture une nouvelle fois. Ton oncle peut te montrer une porte bien plus importante, Henry. Elle est beaucoup plus difficile à ouvrir que la trappe de la salle de bains, ajouta-t-elle en les rejoignant, un torchon à la main. Frank, je suis tombé sur Gladys et Billy au magasin, hier. Sais-tu ce que Billy m'a dit ?

Les filles se turent. Frank ne releva pas le nez.

— Bonjour ? lança-t-il sans cesser de s'occuper du couteau de Henry.

Dotty lui donna un coup de torchon.

— En effet. Mais il a surtout demandé si tu avais réussi à ouvrir cette porte. Et tu devines ce que je lui ai répondu ? Non ? Eh bien, je lui ai répondu que non.

— Ah, dit Frank en portant le couteau à sa bouche pour tester la lame avec sa langue. J'ai une femme honnête. Je te suis reconnaissant de veiller à ma réputation.

— J'ai ajouté que je l'appellerais pour qu'il vienne s'en occuper. Je n'aime pas mentir, Frank, fit-elle en croisant les bras.

— Dots, si chère femme, que serais-je sans toi ? J'ouvrirai

cette porte pour t'installer dans cette immense chambre. Mais je refuse que Billy Mortensen s'en mêle. On a perdu le tournoi de baseball à cause de lui en terminale, et tu le sais. J'accepte de le croiser, dit Frank en relevant la tête, mais jamais je ne lui donnerai un centime.

On n'entendit bientôt plus que le bruit de la lame frottée contre la pierre et celui du sandwich au fromage mastiqué. Frank finit par poser le couteau de Henry pour engloutir son repas en deux bouchées et vider son verre de lait. Il se redressa et mit ses mains sur ses hanches.

— Les femmes et les enfants aux abris ! hurla-t-il, et les trois filles sursautèrent alors que Henry se figeait, la bouche grande ouverte. Sonnez trompettes ! Et sachez que ce signal n'annonce rien d'amical !

Il brandit un poing en l'air et reprit :

— Deux années durant, mes noirs navires ont fait le siège de Troie, et aujourd'hui ses portes tomberont sous mon bras.

On entendait Dotty rire dans la cuisine. Frank se tourna vers son neveu :

— Henry, nous jouerons au baseball demain. Pour l'heure, nous préparons le sac d'une cité. Dots ! Apporte-moi mes outils ! À mort l'ennemi ! Engouffrons-nous dans la brèche ! Que les lâches tombent !

Frank abattit son poing sur la table et renversa le lait d'Anastasia, puis il prit la pose, les deux bras au-dessus de la tête, le menton sur la poitrine. Les filles applaudirent. Tante Dotty revint dans la salle à manger avec une boîte à outils en métal rouge.

— Comment allons-nous procéder ? demanda Henry.

— Nous construirons un cheval en bois dans lequel nous te cacherons et que nous offrirons à l'ennemi.

— Ne reculez pas ! dit Dotty en souriant à Frank, puis

en ramassant les assiettes vides et en retournant dans la cuisine.

— On peut regarder ? demanda Henrietta.

— Je vous autorise à aller jouer où bon vous semble, dans la grange, la cour, les champs et même les fossés, lança Frank, mais gardez-vous bien de vous mettre dans nos pattes. Viens, Henry.

Les filles gémirent et se plaignirent tandis que Henry montait, à la suite de son oncle, au premier étage. Ils s'arrêtèrent devant la très, très vieille porte en bois de la chambre de papi. Oncle Frank sortit ses outils.

— Le jour est venu, Henry. Je le sens. Je ne l'ai jamais avoué à ta tante, mais mon livre préféré se trouve à l'intérieur. Je le lisais à papi à la fin. J'aurais dû le rapporter à la bibliothèque depuis longtemps, et je serais content de pouvoir enfin en emprunter un autre.

Chapitre cinq

Assis sur le tapis du palier, Henry observait son oncle qui jouait avec la poignée.

— Et voilà, dit-il en tirant un coup sec.

Elle lui resta dans la main.

— À quoi sert ce truc qui dépasse ? demanda Henry.

— Ce truc, Henry, sert à relier la poignée à la porte.

Il fronça les sourcils avant d'ajouter :

— Nous allons nous montrer un peu plus audacieux que par le passé. Ta tante a attendu deux ans, et sa patience a des limites.

Frank plaça son pouce à l'extrémité de la tige saillante et appuya. Elle opposa une petite résistance avant de disparaître à l'intérieur de la porte. Oncle Frank utilisa alors un tournevis pour la pousser encore plus loin. Henry entendit un bruit de l'autre côté.

— La poignée de la chambre vient de tomber, l'informa oncle Frank. On ne pourra pas la remettre si on ne réussit pas à ouvrir. Je vais te dire quelque chose, Henry. Je m'apprête à faire ce que je m'interdis depuis deux ans. Si la porte reste close, nous l'enfoncerons. Elle est ancienne et de belle facture, on n'en trouve plus beaucoup des comme ça. J'aimerais autant ne pas l'abîmer. Avec un peu de chance, c'est le chambranle qui cédera.

— Tu crois que tu réussiras ?

— Non, mais je redescendrai la tête haute. Je vais d'abord trifouiller cette serrure, puis je jouerai de l'épaule.

L'opération dura environ quarante-cinq minutes. La rosace céda. Comme tout ce qui tombait sous la main de Frank. Les tournevis tournaient et tordaient à l'envi. Enfin, oncle Frank se redressa, posa ses mains sur ses reins, se pencha en arrière et se balança d'un pied sur l'autre. Le chat contourna Henry pour venir se frotter contre la jambe de Frank.

— Nous y voilà donc. Seigneur, pardonne-moi.

Frank leva son pied droit et l'abattit violemment contre le battant, à l'endroit où s'était trouvée la poignée. Un hurlement s'éleva du rez-de-chaussée.

— Elle est ouverte ? cria Dotty.

— Silence, femme ! lui répondit Frank. Elle le sera bientôt.

Il donna un nouveau coup. La porte ne bougea pas, mais produisit un énorme bruit, comme un roulement de tambour. Frank prit autant de recul que le palier le lui permettait, parcourut en courant la distance qui le séparait de la porte et projeta tout son poids contre le bois. Son corps s'y écrasa avant de glisser à terre. Le chat, qui avait observé la scène depuis un recoin, s'éloigna d'une démarche nonchalante. Henry demeura silencieux. Ou plutôt c'est ce qu'il aurait voulu. En réalité, il éclata de rire. Et Frank l'imita, avant de s'interrompre presque aussitôt.

— Il faut qu'on ouvre cette fichue chambre. Je n'ai jamais vu une porte en chêne aussi résistante, et celle-ci est en pin.

— Je croyais que le pin n'était pas un bois dur.

— Exactement.

Frank se pencha pour examiner le battant.

— On dirait bien du pin. Son grain est un peu étrange, mais ça ressemble à du pin. Attention, Henry, je vais tenter de me faire mal une nouvelle fois. Puis nous passerons à la manière forte.

Henry se blottit dans un coin.

— J'ai vu ça dans un film, annonça oncle Frank.

Il transféra son poids d'un pied sur l'autre avant de prendre son élan et de sauter, les pieds en avant. Lorsqu'ils heurtèrent la porte, Frank tomba à la renverse et atterrit violemment sur le dos. Les jambes toujours en l'air, il haletait.

— Ça va, oncle Frank ? Veux-tu que j'aille chercher tante Dotty ?

— Non... Il faut simplement que je reprenne mon souffle.

Il se redressa lentement en position assise, puis il se leva.

— Attends-moi ici, je reviens tout de suite. Il faut être plus sournois.

Il posa un doigt sur ses lèvres et descendit. Au bout d'un moment, Henry entendit la voix de sa tante.

— Frank ? Qu'est-ce que tu fiches ?

— J'ai besoin d'autres outils. J'en ai pour une minute.

— Comment ça se passe ?

— Pas mal.

Henry entendit la porte de derrière claquer. Il était seul avec ses pensées et le chat, qui était revenu faire sa toilette à l'autre bout du palier. Henry regarda le chat. Le chat regarda Henry.

— Désolé, pour l'autre fois, lança le garçon.

L'animal se détourna pour reprendre son activité.

Henry demeura assis sur le tapis vert cinq minutes, le temps de perdre patience. Au moment où il se relevait, oncle Frank apparut au sommet de l'escalier, une hache à la main. La tête était rouillée, mais la lame semblait affûtée. Henry se demanda s'il l'avait utilisée récemment ou s'il l'entretenait régulièrement, comme les couteaux de cuisine de tante Dotty.

— Il est temps, Henry, d'en venir aux choses sérieuses.

Frank plongea une main sous sa chemise et en sortit une cordelette noire, au bout de laquelle pendait un anneau en argent. Il y déposa un baiser rapide avant de le remettre en place. Il se plaça devant la porte, pivota son buste sur ses hanches, posa sa main droite au sommet du manche et la gauche au bas. Il fit passer le poids de son corps d'un pied sur l'autre, puis il pencha la tête de chaque côté. Qu'il l'ait ou non utilisée récemment, Frank prenait apparemment beaucoup de plaisir à manier cette hache.

Il la projeta contre la porte.

Il fut un temps, la porte de papi était une porte en pin tout ce qu'il y avait de plus normal. Elle était composée de quatre panneaux – deux grands rectangles verticaux dans la partie supérieure et deux plus petits dans la partie inférieure – d'une teinte sombre aux reflets rouges.

Il existe des forêts où tous les arbres ont été pétrifiés et transformés en pierre. Ce phénomène se produit généralement au pied d'un lac après une éruption volcanique. La porte de papi n'avait pas été pétrifiée, et elle n'était pas en pierre, même si c'était l'impression qu'elle donnait. À la vérité, elle était encore plus résistante que de la pierre. La hache de Frank serait venue à bout d'une porte pétrifiée.

La lame rebondit sur le bois en produisant un bruit de raclement. Frank posa l'outil contre le mur et observa la marque qu'il avait laissée. Il avait frappé sous le panneau supérieur droit. Ce n'était pas une partie particulièrement épaisse, et la hache aurait dû passer au travers. Pourtant, l'entaille qu'il avait faite était profonde de trois millimètres tout au plus. Frank en resta coi. Il ne regarda pas Henry. Il reprit sa hache et assaillit la porte.

La lame rebondissait, coup après coup, que Frank l'abatte

à gauche ou à droite. Elle sautait, glissait, se dérobait. Le souffle court, Frank finit par s'interrompre pour essuyer la sueur sur son visage. De petits éclats de bois recouvraient le tapis.

— Henry, dit-il entre deux râles, je ne suis pas sûr que ça marchera...

Il ramassa la hache et passa un doigt sur sa lame.

— Elle est déjà émoussée, grommela-t-il.

— Est-ce qu'on abandonne ?

— Non. Nous sommes invités à un barbecue en fin d'après-midi. J'ai promis à Dots d'avoir réussi à l'ouvrir avant. Tu peux vaquer à tes occupations, je dois prendre un moment pour réfléchir.

— Tu es certain ? Je ne peux pas t'aider ?

— Non. File !

Henry s'approcha de la porte et fit courir ses doigts dessus. Les entailles étaient superficielles, mais il y en avait beaucoup.

— Pourquoi la hache n'en vient-elle pas à bout ?

— Aucune idée, justement. C'est pour cette raison qu'il faut que je réfléchisse. Ton papi était un drôle de bonhomme, mais cette histoire, c'est le pompon. Va, maintenant ! Je vais retourner dans la grange. Tu m'entendras revenir, et tu pourras assister à mon dernier assaut si tu le souhaites.

Sur ces mots, Frank descendit, la hache en appui sur une épaule.

Dès que son oncle eut disparu, Henry fila dans sa chambre et entreprit de gratter la peinture sur la petite porte. Quelques minutes plus tard, il dévalait les marches pour aller récupérer son couteau affûté.

De retour sur son lit, il l'examina. Frank avait ôté au moins un tiers de la lame, mais elle était désormais aussi coupante qu'un rasoir. Henry avait d'ailleurs peur de la toucher. Il passa pourtant son pouce sur le fil et comprit qu'il possédait quelque chose de dangereux. La lame le regardait d'un air de dire : « Tu ne serais pas le premier. Pourquoi s'est-on débarrassé de moi, à ton avis ? »

Henry attaqua la peinture à l'aide de son couteau. Elle s'ôtait aisément, mais par bandelettes. La zone n'était pas très grande, à peine deux centimètres de hauteur sur trois de largeur, mais ça lui prit un long moment. Lorsqu'il l'eut complètement dégagée, la vitre était toujours aussi opaque. Pourtant Henry avait posé son couteau et placé ses mains en coupe pour tenter d'apercevoir l'autre côté. Il ne discernait rien d'autre que l'obscurité.

Il entendit soudain des bruits de pas dans l'escalier. Il devait s'agir de Henrietta, mais il sursauta malgré tout. Il se tenait devant sa chambre, dont il avait tiré la porte à double battant, lorsqu'elle arriva au sommet. Elle portait une boîte en carton sous un bras.

— Salut ! J'ai trouvé des affiches dans la grange. Papa avait oublié leur existence. Elles représentent toutes le même joueur de basket-ball avec la même légende : « Université du Kansas, champions nationaux », même si papa prétend que ce n'était pas le cas cette année-là. Il pensait les vendre à des Anglais, qui n'auraient pas su que c'était faux, mais ils n'en ont pas voulu, alors il a dit qu'elles étaient à toi. J'ai apporté du scotch, aussi, et un burin. Pourquoi papa n'a-t-il pas réussi à ouvrir la porte de papi ? Tu as enlevé toute la peinture ?

Elle lâcha la boîte avant d'ajouter :

— Le burin est au fond.

— Merci. J'ai retiré la peinture, mais on ne voit toujours pas à travers. La vitre est trop sale.

Ils entrèrent dans la chambre, et Henrietta examina à son tour la petite porte.

— Je crois que c'est une boîte aux lettres.

— Comment ça, une boîte aux lettres ? demanda Henry en faisant courir ses doigts sur les rainures. Ça ne ressemble pas du tout à une boîte aux lettres.

— Tu sais bien, celles qu'on voit dans les postes, rétorqua Henrietta. J'y allais avec maman, de temps à autre, et il y en avait.

— Tu veux parler de boîtes postales ? demanda Henry en tapotant la vitre avec son couteau. Pourquoi y en aurait-il une dans ma chambre ?

Henrietta éclata de rire.

— Pourquoi y aurait-il toutes ces portes dans ta chambre ?

— Je ne sais pas. Il y avait peut-être un collectionneur ici, avant. Un amateur de portes...

— Non, je suis certaine qu'il y a une explication plus intéressante, dit Henrietta en s'installant sur le lit et en croisant ses jambes. Quelqu'un les a cachées ici pour qu'elles restent secrètes. Nous devons les ouvrir pour comprendre ce mystère.

— Tu crois qu'on arrivera à voir à travers celle-ci ? demanda Henry en mettant, une fois de plus, ses mains en coupe et en se penchant pour regarder par la vitre.

Henrietta le repoussa. Elle s'humecta les doigts puis les frotta sur la surface. Quand elle en eut terminé, elle tira sa manche sur sa main et essuya. Henry se pencha.

— C'est plus propre, dit-il, mais on n'y voit toujours rien. Il nous faudrait une lampe de poche.

— J'en ai une dans ma chambre.

Il ne lui fallut pas longtemps pour la rapporter. Elle referma la porte de la chambre de Henry derrière elle et éteignit la lampe de chevet. À l'exception du mince filet de jour qui passait sous les battants, la pièce était plongée dans l'obscurité. Henry s'efforça de ne pas frissonner. Ce n'était pas du chiqué. Il avait bel et bien découvert ces portes, et il ne savait pas ce qu'elles dissimulaient. Il se demanda soudain si ce qu'on cachait dans un placard secret était forcément quelque chose de plaisant. Henrietta alluma sa lampe de poche et la lui tendit.

— Prends-la, c'est toi qui as trouvé la porte.

Henry s'exécuta. Il plaça la lampe à côté de son œil droit et ouvrit grands les yeux.

— Je crois bien que je vois un truc. On dirait une enveloppe.

Il rendit la lampe à Henrietta et lui laissa la place.

— C'est plus mince qu'une enveloppe, conclut-elle. Peut-être une carte postale.

En prenant appui d'une main sur le mur, Henry se baissa de nouveau.

— Décale-toi un peu.

Pour regarder, Henry s'était accroché à un bouton en métal, qui coulissa. Il s'affala sur sa cousine. Au-dessus d'eux, une porte était ouverte. Henry resta un moment étendu, tous les sens en éveil. La lampe s'était éteinte. À force de les écarquiller, ses yeux lui faisaient mal. Il distinguait Henrietta par terre, près du rai de lumière. Il sentait un vent froid sur sa peau. Il entendait un frémissement, et les larmes que Henrietta tentait de retenir. Il avait le goût de la peur dans sa gorge, si serrée qu'elle en était douloureuse.

Henry ne s'était jamais considéré comme quelqu'un de courageux. Il n'avait jamais agi de façon à mériter ce titre. Ce qu'il fit ensuite ne s'apparentait pas à un acte de bravoure, mais lui demanda beaucoup d'efforts. Il se redressa, alors que chaque parcelle de sa peau frissonnait au contact de ce souffle glacial, tâtonna jusqu'à la tête de son lit et alluma sa lampe de chevet. La porte qui surplombait la boîte postale était agitée d'un doux mouvement de va-et-vient : elle allait légèrement cogner contre le mur puis revenait presque se fermer. Il regarda Henrietta, dont le visage était pâle et les yeux agrandis par la surprise.

— Ça va ? demanda-t-il.

— Pourquoi bouge-t-elle ?

Henry tendit un bras devant la porte.

— Il y a de l'air.

Ils restèrent un moment silencieux.

— Tu entends ? reprit-elle. Qu'est-ce que c'est ?

— Ça ressemble au bruit du vent dans les arbres, répondit Henry.

— Est-ce qu'on devrait regarder à l'intérieur ?

Henry grimpa sur son lit. Une bise glaciale lui souffla sur le visage et dans les cheveux. Il immobilisa la porte.

Henrietta monta derrière lui.

— Il y a quelque chose. Au fond.

Henry glissa sa main à l'intérieur. Il discernait mal l'objet qu'il cherchait à attraper, il en voyait à peine le contour. Sa main entra en contact avec et se referma. C'était une ficelle. Il la tira vers lui. Une petite clé y était accrochée. Le souffle d'air se transforma soudain en bourrasque. Les deux battants de la porte s'ouvrirent en grand, la poussière tourbillonna et roula jusqu'à la fenêtre du grenier. Les arbres grondèrent comme une chute d'eau. Henry et Henrietta entendirent des branches ployer et craquer. Une odeur fraîche vint leur caresser les narines. Là-bas, dans le placard, la pluie s'était mise à tomber.

— Ferme-la vite, lança Henrietta. Maman et papa vont l'entendre. Et la sentir.

Henry repoussa la porte puis rabattit le loquet métallique, et la chambre retrouva son calme.

— Comment l'as-tu ouverte ? demanda Henrietta.

— J'ai l'impression qu'elle n'était pas verrouillée, répondit Henry. Elle devait juste être coincée. J'ai pris appui dessus pour regarder par la vitre, et elle a cédé.

Henrietta chassa une mèche de cheveux qui s'était échappée de sa tresse et lui caressait le front.

— C'est magique, dit-elle, forcément. C'est une porte magique. Et elles le sont sans doute toutes.

— À mon avis, il ne s'agit pas de magie, rétorqua Henry, mais de quelque chose d'inhabituel.

— Henry, reprit Henrietta en se penchant vers lui et en parlant très lentement, il ne pleut pas dehors, et il n'y a aucun arbre dans la cour.

— Je sais bien. Je pencherais plutôt pour de la physique quantique.

— Qu'est-ce que c'est ?

— D'après mon père, c'est quand les objets se trouvent là où ils ne sont pas, ou à deux endroits à la fois.

— Ça ressemble à de la magie.

— Non, c'est un phénomène naturel. Ça arrive comme ça.

— Tu ne peux pas rendre quelque chose quantique ?

— Ça ne marche que pour les toutes petites choses.

— Ce placard est tout petit.

— Non, vraiment minuscules. Les arbres, la pluie et le vent ne sont pas petits.

— D'accord, ils sont trop grands pour être quantiques. C'est forcément de la magie, alors.

Henry n'avait pas de réponse à lui apporter. Il aurait préféré apprendre que ce n'était qu'une illusion, qu'il ne dormait pas vraiment le long d'un mur couvert de portes magiques, mais il ne voyait pas comment expliquer autrement ce qui venait d'arriver.

— Je ne sais pas, finit-il par lâcher.

Henrietta frissonna, puis se redressa soudain sur les genoux et planta ses grands yeux dans ceux de son cousin.

— Tu n'es pas curieux de découvrir ce qui se cache

derrière les autres portes ? Il pourrait y avoir des tas de choses !

— Et toi, tu n'as pas peur ? On pourrait tomber sur quelque chose de dangereux.

— C'est un risque à courir.

— Je ne sais pas.

Malgré ses réticences, Henry était rongé par la curiosité. La peur ne lui ôtait pas la certitude qu'il s'en voudrait toujours s'il ne tentait pas l'aventure.

— Est-ce que la clé ouvre une autre porte, à ton avis ? l'interrogea Henrietta.

Il s'apprêtait à répondre « je ne sais pas » pour la troisième fois lorsqu'il entendit le bruit d'un moteur gronder au pied de l'escalier. Il fourra la clé dans sa poche et entraîna Henrietta.

Oncle Frank se tenait devant la porte de papi. Il portait des lunettes de protection en plastique et brandissait une tronçonneuse. Il s'encouragea à voix haute avant d'appuyer sur le bouton « marche ». Alors qu'un nuage de fumée noire sortait de l'arrière de l'engin, la chaîne se mit lentement en mouvement. Frank l'abaissa lentement vers le battant. Lorsqu'elle entra en contact avec, des éclats de bois se mirent à voler un peu partout sur le palier. Frank donnait l'impression de lutter pour empêcher la tronçonneuse de lui échapper des mains. Il écarta d'ailleurs davantage les jambes pour assurer sa position. La chaîne rencontra subitement un obstacle. Elle projeta violemment Frank contre le mur. Il fit un bond, comme la machine lui échappait des mains, pour éviter qu'elle n'atterrisse sur ses pieds. Elle arracha de larges bandes de tapis en tournant sur elle-même. Quand elle finit par s'immobiliser, Frank coupa le moteur.

Dotty était montée. Elle regarda Frank, la tronçonneuse, de nouveau Frank.

— C'est l'heure de partir, dit-elle. Nous sommes attendus au barbecue. Ça va, Frank ?

Il frotta sa joue sur son bras.

— Ma fierté en a pris un sacré coup. Le tapis aussi...

Il se pencha pour ramasser la tronçonneuse, mais la chaîne s'était plantée dans le plancher.

— Je la dégagerai tout à l'heure, Dots. Désolé..., dit-il en poussant un soupir et en se prenant la tête entre les mains. Je vais devoir passer par le mur de la salle de bains.

— Monsieur Willis, répliqua-t-elle, je doute que cette maison vous survive. Pour l'heure, il me semble que vous avez mérité un hot-dog.

Frank parut soulagé.

— Allez, les enfants, ajouta Dotty. Nous allons être en retard au barbecue.

Henry et Henrietta lui emboîtèrent le pas, non sans jeter un dernier coup d'œil à la porte de papi et aux dégâts. Frank les suivit. Il portait toujours ses lunettes de protection et il avait des copeaux de bois dans les cheveux.

Chapitre six

Adossé à la barrière, Henry regardait les garçons jouer. Il était partagé. D'un côté, il s'amusait bien. Il avait bu trois Coca depuis qu'il était arrivé au barbecue, et il était en train de siroter une limonade. Il n'avait jamais goûté de soda avant. Il avait vu des publicités, bien sûr, que son père avait qualifiées d'idioties capitalistes. Il trouvait ça plutôt bon. Cependant, son humeur joyeuse était tempérée par l'inquiétude.

Les adultes étaient réunis dans la cour, autour des grills ou des tables, où étaient disposées des assiettes en carton et des couverts en plastique voués à se casser en deux à la première utilisation. Les cousines de Henry s'étaient volatilisées, et les garçons s'étaient rassemblés dans un terrain vague pour faire un match de baseball. Ils étaient suffisamment malins pour tourner le dos à la maison et viser en direction des vieux arbres tordus de la rue et, au-delà, d'un entrepôt abandonné tapi à l'ombre d'un château d'eau rouillé. Aucune balle n'avait atterri dans la rue jusqu'à présent.

Henry se faisait du mouron à cause des garçons. Il ne craignait pas qu'ils l'excluent. Il ne craignait pas qu'ils n'osent pas lui proposer de jouer parce qu'il était nouveau. Il craignait le contraire, mais personne n'avait lancé d'invitation pour le moment. Il était appuyé contre la barrière et s'efforçait de rester discret, tout en buvant sa limonade et en regardant les autres garçons jouer.

— Tu as mal au bras ? demanda une voix dans son dos.

En se retournant, Henry découvrit son oncle.

— Au bras ?

— Eh bien, comme tu ne joues pas, j'ai pensé que tu avais mal quelque part.

— Non. Simplement, je ne suis pas d'humeur.

— Je vois... Souvent, je ne suis pas d'humeur pour un tas de trucs, moi non plus. Je vais me chercher à boire, je reviens.

La tête de Frank disparut derrière la barrière, et Henry reporta son attention sur le match. Un grand échalas avec une casquette de baseball tachée de transpiration à la visière effilochée se tenait devant lui.

— Tu es Henry ? demanda-t-il.

— Oui.

— Je m'appelle Zeke Johnson, tu joues ?

— Je ne suis pas très bon.

— Tu as envie de jouer ?

En temps normal, Henry aurait menti. Il fut donc surpris de s'entendre répondre :

— J'ai oublié mon gant.

— Je te prêterai le mien, on ne sera pas dans la même équipe.

— Je suis gaucher.

— Moi aussi.

Henry retint son souffle.

— Entendu, finit-il par lâcher en cherchant du regard un endroit où laisser son verre.

Zeke le lui prit des mains et le posa sur la barrière. Son sang se mit à faire de drôles de choses dans ses veines et sa respiration se coinça dans sa gorge, mais Henry le suivit sur le terrain de fortune parsemé de touffes d'herbe. Les autres joueurs l'accueillirent d'un mouvement de tête. Il le leur rendit. Zeke le présenta, puis lui tendit son gant et l'envoya directement sur le terrain.

Oncle Frank avait pris la place de Henry contre la barrière. Il sirotait une bière. Un homme plus grand que lui se trouvait à son côté. Il cachait son visage dodu sous une casquette jaune ornée d'une bétonnière.

— Salut, Billy, lança Frank. Dotty t'a vraiment dit ça ?

— Depuis combien de temps est-elle fermée ? demanda Billy.

Le regard rivé sur le terrain, Frank prit une gorgée de bière avant de répondre.

— Deux ans. Je l'ai attaquée avec une hache aujourd'hui. J'ai même sorti la tronçonneuse, mais j'ai seulement réussi à abîmer le plancher du palier. La porte n'a pas bougé.

— Sacrée affaire ! Tu veux que je jette un œil ?

Les deux hommes observèrent en silence le gamin à la batte : il venait de perdre l'équilibre.

— Il devrait resserrer sa prise, déclara Frank.

Billy acquiesça et cracha.

— Et ses yeux traînent partout. Sauf sur la balle.

Frank prit une profonde inspiration.

— Alors voilà, Billy... Je voudrais que tu jettes un œil maintenant. Et que tu dises à Dotty que j'ai refusé. Je ne sais pas quand je pourrai te payer. C'est elle qui tient les cordons de la bourse, et il se peut qu'il me faille des mois pour mettre la main sur l'argent.

Billy opina. L'équipe de Henry passait à l'attaque. Les deux hommes posèrent leurs bières sur la barrière à côté du verre de limonade et se dirigèrent vers la camionnette de Billy.

Henry se tenait au milieu du marbre. Il observait le garçon rondouillard qui s'apprêtait à lancer. Il n'en revenait pas d'être là. Le garçon n'y allait pas de main morte. La première fois, il avait failli l'atteindre à la tête, et Henry ne portait même pas de casque. L'un des joueurs de l'équipe de Henry était sur la deuxième base, et deux batteurs avaient déjà été éliminés. Le lanceur envoya la balle, qui fila droit sur Henry. Tout en résistant à l'envie de se baisser, il se pencha en arrière et serra le manche de la batte. La balle rebondit sur ses mains, qui le brûlèrent aussitôt.

— Cours ! lui cria quelqu'un.

Henry parcourut quelques mètres avec la batte avant de se souvenir de la lâcher. Il ne regarda même pas dans quelle direction était partie la balle. Il craignait trop d'être éliminé s'il perdait du temps. Lorsqu'il atteignit le sweat-shirt qui faisait office de première base, il glissa à terre.

Il jeta un œil vers le lanceur. Un joueur s'apprêtait à lui renvoyer la balle.

— Où était-elle partie ? demanda Henry au garçon qui gardait la première base.

— Sur ta gauche. Ça va, tes mains ? Tu l'as frappée avec le manche.

— Je sais, répondit Henry.

Il frotta ses paumes vibrant de douleur l'une contre l'autre, puis croisa les bras. L'autre membre de son équipe avait atteint la troisième base. Henry essayait de surveiller l'ensemble de la partie, mais c'était compliqué.

Le nouveau batteur fut éliminé, et Zeke jeta son gant à Henry en se dirigeant vers le marbre. Henry prit position en défense, sur le champ droit. Il espérait presque qu'un batteur enverrait une balle dans sa direction. Presque.

*

* *

Frank et Billy étaient devant la chambre. Billy était muni de sa boîte à outils.

— J'ai planté la tronçonneuse dans le plancher juste avant de partir pour le barbecue. Je n'ai pas eu le temps de réparer les dégâts, dit Frank en essuyant la sueur de son front.

Des éclats de bois recouvraient le palier et une partie des marches. On aurait dit que la porte avait été attaquée par une horde de castors en colère.

— Sacré boulot, Frank ! Tu aurais dû m'appeler avant, ça t'aurait peut-être évité de transformer le premier étage de ta maison en champ de bataille.

Il farfouilla dans sa boîte à outils, en ressortit un objet métallique noir et l'enfonça dans la vieille serrure. Il y eut un clic.

— C'est bon ? demanda Frank.

— Presque.

Billy utilisa un autre outil de sa boîte et, quelques minutes plus tard, un nouveau clic se fit entendre.

— Maintenant, elle va s'ouvrir.

Il se redressa, recula et projeta son épaule contre le battant.

— Bonté divine ! Quelqu'un a posé une plaque de l'autre côté ? Cette porte n'est pas fermée, je viens de vérifier, elle devrait s'ouvrir toute seule.

Il donna un nouveau coup d'épaule.

— C'est pour cette raison que j'ai utilisé une hache, expliqua Frank. Si seulement je retrouvais la clé…

— Elle ne te serait d'aucun usage. Cette porte n'est pas verrouillée. Elle est fermée par autre chose.

— Je n'en suis pas si sûr. Ce n'est peut-être pas une clé comme les autres… En tout cas, ce n'est pas une serrure comme les autres.

— C'est une serrure comme toutes celles que l'on trouve dans les vieilles baraques. Elle n'a rien de particulier.

Ils se turent.

— J'aurais directement sauté à la case tronçonneuse, finit par reprendre Billy. Qu'est-ce qui s'est passé ?

— Elle a rebondi sur la porte, je l'ai lâchée et elle a mangé le tapis.

— Ça t'embête si j'essaie ?

— Il faut d'abord la décoincer, répondit Frank en tirant un couteau de sa poche.

Il découpa le tapis autour de la machine, pendant que Billy tirait dessus. Après plusieurs petits mouvements et deux grands coups secs, ils réussirent à la libérer. Billy examina la chaîne.

— Elle est un peu émoussée. Et pleine de peluches, dit-il en la faisant démarrer.

Le moteur émit un râle. Billy tira de nouveau sur le cordon, et cette fois l'engin poussa un cri de protestation. À la troisième tentative, il se mit en marche et la fumée envahit le palier.

Billy s'avança vers la porte.

De retour du barbecue, Henry avait bu six sodas différents – dont quatre contenaient de la caféine –, mangé deux saucisses et un hamburger. Il avait une envie très pressante.

Devant le miroir des toilettes du rez-de-chaussée, il se remémora ses exploits sportifs. Il avait réussi à frapper deux fois la balle avec sa batte, la première dans le champ intérieur, la seconde dans le champ extérieur, jusqu'aux arbres. Il avait loupé une balle alors qu'il jouait en défense sur le champ droit, mais en avait intercepté une au sol et l'avait renvoyée directement au joueur qui gardait la deuxième base. Zeke Johnson lui avait proposé de venir jouer dans la semaine. Henry serait dans sa classe à la rentrée.

Il ouvrit le robinet et regarda l'eau devenir marron au contact de ses mains. Il entendait ses cousines rire et crier.

Il ne ferait pas sa rentrée dans le Kansas si ses parents revenaient ; son estomac se noua. Il se sentait horriblement coupable. À peine quelques jours dans une nouvelle maison et il les avait déjà oubliés, alors qu'ils étaient sans doute très malheureux.

Malgré tout, ce n'était pas entièrement sa faute. Des phénomènes étranges l'avaient distrait. Naturellement, il souhaitait qu'on les retrouve et qu'ils rentrent aux États-Unis. Mais ce n'était pas en s'inquiétant qu'il y changerait quoi que ce soit. Si cela devait arriver, cela arriverait. Il y avait le baseball, l'invitation de Zeke et, surtout, il y avait ce qui se passait dans sa chambre.

Henry traversa le salon, où ses cousines suppliaient oncle Frank de les laisser regarder un film. Il fila droit à sa chambre en s'efforçant d'éprouver de la tristesse pour ses parents. Sur la première marche de l'escalier du grenier, il s'immobilisa. Un souffle glacial l'enveloppa. Il gravit lentement les deux marches suivantes, les narines et les oreilles grandes ouvertes. L'air embaumait l'herbe et la terre mouillées. Il entendait des arbres.

Le grenier, habituellement l'endroit le plus chaud de la maison, était gelé. Un vent léger s'échappait de sa chambre. Les lumières étaient éteintes, mais, comme la nuit n'était pas encore tout à fait tombée, Henry distinguait le mur derrière son lit. Une des portes était ouverte. Des arbres gémissaient et craquaient comme des navires. Henry s'avança prudemment sur le seuil de sa chambre. Il jeta un coup d'œil à gauche puis à droite avant de s'y risquer. Il posa le pied dans une flaque d'eau très froide. Il fit un bond en arrière, tâtonna pour trouver l'interrupteur et alluma la lumière.

L'extrémité de son lit, juste à côté du placard ouvert, était imbibée. Une énorme mare s'étalait sur le plancher du côté droit de la pièce. La porte était agitée d'un léger mouvement, et le pan de mur en dessous dégoulinait. Henry grimpa sur son lit, sentit son matelas gargouiller sous ses genoux, et se pencha par la porte ouverte. Il ne vit rien. Mais il huma la riche odeur de terre humide et de mousse gorgée de pluie, il entendit les feuilles qui s'agitaient dans leur sommeil. Il referma la porte, poussa le loquet et chercha un coin sec sur son lit. Le genou de son jean était trempé. Il observa la mare : trois vers de terre, énormes, s'y prélassaient.

Il y avait des vers de terre dans une mare sur le plancher de sa chambre.

Dotty et Frank sirotaient du thé glacé dans la cuisine. Les filles regardaient une émission quelconque à la télévision.

— Qu'a dit Billy ? demanda Dotty.

— Comment ça ? Je t'ai déjà expliqué que je ne ferais pas appel à lui.

— Mais c'est pourtant ce qui s'est passé, répondit-elle en souriant et en prenant une gorgée de thé.

Elle l'embrassa sur la joue avant de reprendre :

— Merci de lui en avoir parlé, Frank. Je sais que tu as ta fierté.

— C'est à cause de ma fierté que je me suis adressé à lui, grommela-t-il. Il n'a pas plus réussi à l'ouvrir que moi. La preuve que je n'avais pas besoin de lui... Je vais aller m'affaler devant le petit écran avec les filles, ajouta-t-il en posant son verre.

Anastasia et Penelope étaient assises en tailleur par terre.

— Henrietta est montée rejoindre Henry, déclara Anastasia. Elle a dit qu'on n'avait pas le droit de venir.

— Vous auriez voulu y aller ?

— Oui, répondit Anastasia.

— Non, répondit Penelope. Henry n'est pas un bon compagnon de jeu. Henrietta s'efforce simplement d'être gentille avec lui.

— Je pense qu'ils ont un secret, reprit Anastasia.

— Ce n'est pas chic de chercher à découvrir les secrets des autres, rétorqua Penelope.

— Les secrets sont faits pour être découverts. Papa, tu crois qu'ils ont un secret ?

— Pourquoi ne leur poserais-tu pas directement la question ?

— Je peux ? Ils seront obligés de répondre ?

Anastasia était surexcitée.

— Non, lui répondit Frank. Rien ne les y obligera.

— Je peux y aller tout de suite ?

— Bien sûr. Penny et moi, on surveille la télé pendant ce temps-là.

À mi-parcours, Anastasia ralentit et tendit l'oreille. Elle savait que, pour débusquer un secret, il faut d'abord espionner les comploteurs. Elle rêvait de le faire depuis des jours. Elle avait voulu suivre Henrietta lorsqu'elle s'était levée la nuit précédente. Penelope l'en avait empêchée. Elle avait voulu fouiller les tiroirs de la commode de Henry, mais Penelope l'en avait aussi empêchée. Penelope préférait quand les gens racontaient d'eux-mêmes leurs secrets. Anastasia, elle, préférait découvrir ce que les gens cachaient.

La voix de Henrietta lui parvenait, même si Anastasia ne comprenait pas ce qu'elle disait, et elle percevait un bruit d'eau qui clapote et de scotch qu'on déchire. Elle entreprit de grimper les dernières marches en rampant.

— Comment le loquet s'est-il ouvert, d'après toi ? entendit-elle Henrietta demander. Je t'ai vu le refermer. Je sais que tu n'as pas oublié.

— Aucune idée, rétorqua Henry.

— Il y a beaucoup d'eau. Tu vas devoir te recroqueviller dans un coin de ton lit, ce soir.

— Ouais… Je ne suis pas sûr de réussir à dormir de toute façon. J'ai bu une tonne de sodas.

— Moi aussi.

— Je n'en avais jamais bu.

— C'est impossible ! Pourquoi ?

— Parce que c'est mauvais pour les dents, j'imagine.

— Est-ce que tout n'est pas mauvais pour les dents ?

— Peut-être…

— Les vers de terre sont rigolos. C'est bizarre qu'ils aient atterri là, quand même.

— Oui. Je ne suis pas certain qu'ils apprécient le plancher.

— Tu penses qu'ils ont été quantiquifiés ?

— Aucune idée… En revanche, je pense qu'il préféreront la cour à ma chambre.

— J'ai fini avec le mur. Tu veux que j'en mette au plafond ?

— Bien sûr.

— Et sur l'autre mur ?

— Oui, oui.

Henry ne prêtait aucune attention aux paroles de Henrietta. Il épongeait le sol à l'aide de serviettes qu'il essorait dans un seau. Lequel avait besoin d'être vidé. À l'approche de Henry, Anastasia se redressa *in extremis*.

— Salut ! Je montais justement.

— Oh…

Henrietta, alertée par la voix de sa sœur, se précipita à la suite de Henry.

— Anastasia, tu es affreuse ! Tu nous espionnais !

— Pas du tout, répliqua cette dernière en écarquillant les yeux. Je venais simplement vous demander quelque chose.

— Non, reprit Henrietta, tu nous surveillais.

— C'est bon, tu peux monter, intervint Henry en posant le seau et en s'écartant.

Anastasia grimpa les dernières marches en évitant le regard de sa sœur, qui lui faisait des grimaces. Elle s'avança sur le seuil de la chambre, Henry et Henrietta sur les talons.

— Où as-tu dégoté toutes ces affiches ?

Le mur entier était tapissé de photos d'un joueur de basket qui, les bras croisés, fixait l'objectif. Elles étaient collées les unes aux autres et faisaient comme un papier peint. La plupart des affiches étaient verticales, certaines étaient penchées, une était même à l'envers. Une dernière, que Henrietta n'avait pas fini de fixer, pendait du plafond.

— Papa me les a données pour la chambre de Henry, expliqua Henrietta. Elles étaient entreposées dans la grange.

— Mais c'est plusieurs fois la même, constata Anastasia.

— Ça m'est égal, répondit Henry.

Anastasia baissa les yeux vers le plancher, toujours humide.

— Vous vouliez adopter un poisson ? Je crois que ça ne dérangerait pas maman.

— Non, dit Henry.

— Des grenouilles ?

— Non.

— Des salamandres ?

— Non plus.

— Alors d'où vient toute cette eau ?

— De nulle part, intervint Henrietta.

— D'un nuage de pluie, lança Henry.

Anastasia s'avança pour tâter le lit. Elle aperçut alors les vers de terre.

— Dites-moi votre secret. Je ne cafarderai pas. Je suis capable de garder un secret.

— Et qui a parlé à maman des crânes de rat qu'on avait trouvés dans la grange, alors ?

— Je n'ai pas fait exprès.

— Et qui a parlé à Becky Taller de la forteresse au milieu des châtaigniers ?

— Je déteste Becky Taller !

— Ah oui ? Et qui le lui a dit, alors ? Et qui a raconté à papa qu'on comptait lui offrir des bottes pour son anniversaire ?

— Il a oublié ! Ça ne lui a pas gâché la surprise !

— Et qui a balancé à maman que j'avais essayé d'escalader le château d'eau ?

— Pas moi !

— Le château d'eau ? intervint Henry. L'immense, à l'autre bout de la ville ?

— Oui. Papa est venu me chercher parce que quelqu'un avait cafté, dit-elle en regardant Anastasia.

— Ce n'était pas moi. Je te jure.

— D'accord. N'empêche, tu as mouchardé les autres fois.

— Je n'ai pas fait exprès. Si vous m'expliquez pour l'eau et les vers de terre, je promets de n'en parler à personne.

— Je t'ai déjà expliqué, reprit Henry. C'est un nuage de pluie.

Anastasia le considéra avec circonspection.

— On t'expliquera peut-être bientôt, dit Henry. Je dois aller vider ce seau.

Anastasia lui emboîta le pas.

— Henry ? l'interpella-t-elle quand ils furent sur le palier du premier étage.

— Oui ?

— Tu penses que je suis incapable de garder un secret ?

Il s'immobilisa et la dévisagea.

— Je l'ignore. Tu en es capable ?

— C'est difficile, mais parfois j'y arrive.

— Entendu. Je vais te dire un secret. Ne le répète à personne.

— Promis.

— Je ne veux pas retourner à Boston.

— Ah... Et tes parents ?

— J'espère qu'ils vont bien, mais je n'ai aucune envie de rentrer. Ils ne m'autoriseraient jamais à avoir un couteau, à voyager à l'arrière de la camionnette, à boire des sodas ou à jouer au baseball sans casque.

— Les vrais joueurs de baseball portent des casques.

— Ils m'ont inscrit dans une classe spéciale parce que je faisais pipi au lit.

— Tu fais pipi au lit ?

— Ça m'arrivait, avant.

— Je ne le répéterai à personne.

Anastasia retourna dans le salon. Elle ne parla à personne de sa conversation avec Henry. La tâche aurait été plus ardue si Penelope avait tenté de lui tirer les vers du nez.

— Je croyais qu'ils cachaient un poisson, lui murmura Anastasia, mais Henrietta a dit que c'était faux.

Cette nuit-là, recroquevillé dans un coin sec de son lit, Henry lut tant qu'il n'eut pas la certitude que sa tante et son oncle s'étaient endormis. Puis il ôta l'immense patchwork d'affiches qui recouvrait le mur et observa sa collection de petites portes. Il sortit le burin que Henrietta lui avait apporté et s'attaqua au plâtre restant.

À l'étage inférieur, Frank dit à Dotty de ne pas s'inquiéter pour le raclement au-dessus de leurs têtes avant de se rendormir.

Henry progressait beaucoup plus vite avec le burin. De toute façon, il avait ingurgité bien trop de caféine au cours du barbecue et n'était pas fatigué. Dans les coins supérieurs, le plâtre tombait facilement. Henry avait poussé sa commode contre le mur pour en atteindre le sommet. Il n'y avait pas de portes à cette hauteur, mais un panneau de bois unique qui couronnait l'ensemble. Il remit la commode en place et tira doucement son lit pour avoir accès au bas du mur.

Il avait fini de le déplacer lorsque Henrietta arriva. Ses sœurs avaient mis du temps à trouver le sommeil. Le plâtre s'enlevait aisément sur cette partie, car l'eau qui avait coulé dessus l'avait désolidarisé de la maçonnerie. Pourtant, les deux angles leur prirent beaucoup de temps. Le plâtre était plus mince à cet endroit et se brisait en minuscules morceaux. Lorsque Henry en eut terminé et qu'il se recula pour admirer son œuvre, la caféine avait cessé d'agir et il se sentait si las qu'il aurait pu dormir debout. Ses bras et ses poignets étaient douloureux, et il ne parvenait pas à contrôler ses bâillements.

— Combien y en a-t-il ? demanda Henrietta.

— Aucune idée. Un tas. Elles sont plutôt petites.

Elle entreprit de les dénombrer. Henry était trop épuisé pour l'aider, il attendit donc qu'elle ait terminé.

— 99, finit-elle par lâcher. Il y en a 99. C'est beaucoup.

— Ouais...

— Est-ce qu'on n'aurait pas intérêt à se débarrasser du plâtre tout de suite ?

Henry acquiesça en bâillant. Il n'avait plus la force de parler. Il n'y en avait pas autant que la fois précédente, pourtant le balluchon était très lourd. En dépit de son extrême fatigue, Henry le hissa sur son épaule. Henrietta le suivit pour ramasser les débris qui s'en échappaient. Une fois dehors, l'air nocturne les réveilla, mais pas suffisamment. Chaque fois que Henry bâillait, la mâchoire de Henrietta se décrochait aussitôt. Ils atteignirent enfin le fossé d'irrigation, vidèrent le plâtre dans l'eau stagnante et s'assirent.

— Je me suis endormi ici, l'autre fois. Il était tôt, mais le soleil était déjà levé. Ton père m'a trouvé. Il ne m'a même pas demandé ce que je fichais là.

— Il ne pose jamais de questions.

— J'aimerais bien passer une nuit ici. C'est tellement plus agréable qu'à l'intérieur.

— Tu prendrais froid.

— Il ne fait pas très froid. C'est agréable.

— Crois-moi sur parole, on finit toujours par avoir froid. Tu as déjà dormi à la belle étoile ?

Henry secoua la tête.

— Et dans une tente ?

Henry secoua de nouveau la tête.

— J'ai déjà passé la nuit dans un sac de couchage. Maman m'avait demandé de l'installer sur mon lit, mais je l'ai mis par terre. Elle a cru que j'étais tombé.

Il avait les yeux rivés sur l'étrange visage de la lune. Henrietta ne répondit rien, elle dormait dans l'herbe, la bouche grande ouverte. Henry la secoua par l'épaule.

— On ferait mieux de rentrer, sinon on va s'endormir tous les deux.

— Entendu, marmonna-t-elle.

Il l'aida à se relever. Ils avancèrent dans l'herbe grasse, en traînant la couverture trempée et salie. Après avoir pris congé de Henrietta devant sa porte, Henry remonta dans sa chambre. La partie humide de son lit était maintenant couverte d'une poussière collante. Il s'en souciait comme d'une guigne. Il ne prit même pas la peine de remettre les affiches en place. Il se déshabilla, se glissa dans son lit, posa sa tête dans un coin sec, se souvint qu'il avait oublié d'éteindre la lumière, le fit et ferma les yeux dans l'obscurité.

Henry ignorait s'il avait dormi des heures entières ou s'il venait juste de se coucher. En revanche, il savait qu'il y avait de la lumière alors qu'il se rappelait de l'avoir éteinte. Elle provenait de la boîte aux lettres. Henry s'assit au pied du lit en poussant ses draps emmêlés par terre. Tout en retenant son souffle, il jeta un coup d'œil par la petite fenêtre. À l'intérieur de la boîte sombre, une carte postale était posée contre le côté gauche. De l'autre côté, Henry apercevait une pièce jaune à la luminosité éclatante. Maintenant qu'il avait repris ses esprits, Henry se rappela la clé dans la poche de son pantalon. Il fouilla dans la pile de linge sale, saisi de panique : et si elle était tombée de sa poche au moment où il avait atteint la première base pendant le match de baseball ? Ou lorsqu'il jouait en défense ? Fort heureusement, ses doigts accrochèrent bientôt la ficelle.

La clé refusa d'entrer dans la serrure. Il la retourna et répéta l'opération. Cette fois-ci, elle s'enfonça. Il l'actionna et sentit que le verrou cédait. Il ouvrit la petite porte.

À travers la boîte aux lettres, Henry apercevait une autre pièce. Une pièce jaune. Soudain, il entendit quelqu'un siffler et la jambe d'un pantalon apparut à quelques centimètres de lui.

Chapitre sept

Le pantalon était gris, il s'immobilisa. Le sifflement se fit plus traînant avant de s'interrompre. Une main épaisse, couverte de poils noirs, glissa une longue enveloppe dans la boîte, à côté de la vieille carte postale, puis le pantalon se remit en mouvement. Il ne s'éloigna que d'un pas, à en juger par le bruit des talons, mais c'était suffisant pour sortir du champ de vision de Henry.

Le garçon ne se demanda même pas s'il rêvait. Il était bien trop abasourdi pour cela. Il fixait la pièce jaune, oubliant presque de respirer. Il entendait toujours le sifflement, parfois faible et distant, parfois proche. Il entendait les chaussures qui déambulaient, mais le pantalon ne repassa devant l'ouverture qu'une seule fois. Cette pièce jaune n'aurait pas suscité la curiosité de Henry en temps normal, pas plus que la jambe d'un pantalon. Mais le fait de les apercevoir à travers un petit placard dans le mur de sa chambre rendait l'expérience beaucoup plus intéressante.

Lorsqu'un garçon tombe sur une araignée, il prend généralement le temps de l'étudier. Il la taquine même peut-être avec un bâton, pour tester sa réaction. Henry était dans la même situation. Il tendit la main pour pousser la longue enveloppe et l'entendit glisser à terre, de l'autre côté. Le sifflement s'interrompit, les bruits de pas se rapprochèrent, la jambe de pantalon réapparut. Une main passa devant l'ouverture, elle tenait l'enveloppe.

— Mmmm, fit une voix.

Henry retint son souffle en voyant apparaître un visage d'homme long et mince, avec une grande moustache grise. Celui-ci examina l'intérieur de la boîte puis y replaça l'enveloppe. Il se redressa, le sifflement reprit et les pas s'éloignèrent. Henry libéra sa respiration.

Il ne lui fallut pas longtemps pour attraper un torticolis, la tête ainsi tordue dans l'embrasure de la petite porte. Il changea de position, mais sa nuque et son dos le lançaient. Il entassa donc ses draps à l'autre bout de la pièce et s'installa dessus, face aux portes. Il glissa ses pieds sous son lit. De là, il pouvait observer le petit rectangle de lumière jaune. Pourtant, il ne l'observa pas longtemps, car il avait trouvé une position si confortable qu'il s'endormit aussi sec.

Lorsque Henry se réveilla, sa joue droite était posée sur son épaule, son cou était engourdi et la lumière avait disparu. Il se cogna le menton sur le rebord du lit en voulant se redresser. Il tâtonna à la recherche de la boîte aux lettres. Quand il l'eut trouvée, il en tira la longue enveloppe et la carte postale, puis sonda les parois. La boîte ne devait pas mesurer plus de trente centimètres de longueur, et sa main atteignit bientôt l'ouverture, à l'autre extrémité. Il avait une idée. De la main gauche, à l'aveuglette, il actionna le loquet du placard contenant le vent et les arbres, qui n'opposa aucune résistance. Le battant s'ouvrit, révélant de puissants arômes terriens. Il se trouvait juste au-dessus de la boîte aux lettres, seule une bande de bois de cinq centimètres d'épaisseur les séparait.

Sans retirer sa main droite de la boîte aux lettres, Henry glissa la gauche dans le placard au-dessus. Il colla son torse contre le mur, si bien que ses deux bras devaient ressortir de l'autre côté. Il appuya son menton contre le mur et chercha à les réunir. Sa main droite remuait dans le vide. Sa gauche, elle, toucha quelque chose de doux et d'humide. Elles étaient dans deux endroits très différents, alors qu'elles auraient dû se rencontrer. Il ajusta sa position pour que son bras droit puisse aller encore plus loin ; ses doigts finirent par tomber sur une enveloppe. Il avait découvert l'arrière d'une autre boîte aux lettres. Il explora les côtés et en trouva encore. Henry ressortit ses bras et frotta ses mains ensemble. La boîte aux lettres donnait apparemment sur le mur d'un bureau de poste, quelque part. L'autre placard, dans une forêt, ou en tout cas dans un endroit où il y avait des arbres.

Il demeura longtemps dans l'obscurité, à rouler des pensées qui ne menaient nulle part et à se poser des questions auxquelles il n'avait pas de réponse. Bercé par une brise provenant d'un autre endroit encore, il finit par s'endormir. Il avait laissé les deux portes ouvertes. Dans son sommeil, il rêva.

Il était pieds nus dans un monde vert. Ses orteils se recroquevillaient pour creuser dans la mousse épaisse, humide. Il y avait des arbres. Des arbres gigantesques. C'était une forêt, mais les troncs étaient distants les uns des autres, à plus de trente mètres pour certains. Leurs frondaisons s'enchevêtraient au-dessus de lui, elles couronnaient les troncs lisses qui avaient attendu d'atteindre le ciel pour laisser leurs branches s'épanouir.

Le sol était presque plat, mais Henry apercevait au loin la cime d'autres arbres. Il en déduisit, ainsi que de la fraîcheur de la température, qu'il se trouvait sur une montagne. Il regarda la pente qui grimpait dans son dos, la terre verte et moussue, les troncs gigantesques. Il se mit en route. Il ne contrôlait ni ses mouvements ni sa vision. Il assistait en spectateur à ce rêve auquel il prenait pourtant part. Il sentait sous la plante de ses pieds l'eau que la mousse dégorgeait, il sentait dans ses poumons l'air glacial. Il aurait voulu s'arrêter pour laisser ses doigts courir sur l'écorce des arbres, pour serrer dans ses bras leur gros ventre de bois, mais, poursuivant sa route, il atterrit bientôt dans une clairière. Tout n'était qu'herbe et ciel. La pente s'élevait encore sur quelques mètres et une grande pierre rectangulaire aux angles arrondis était posée à son sommet. Elle était presque aussi grande que Henry.

Il vit qu'il tendait la main. La pierre avait été lisse, autrefois. La mousse et le temps avaient rendu sa surface rugueuse. Henry la contourna. De l'autre côté poussait le dernier arbre.

Il était plus touffu que les autres, et plus petit. Ses branches les plus basses étaient larges. C'était un arbre ancien, et on aurait dit qu'il se mourait. À la base de son tronc béait un large trou. Le vent soufflait plus fort au sommet de la montagne et tourmentait sans relâche les vieilles branches et leurs feuilles.

Soudain, Henry aperçut un chien. Il était noir, immense. Il se rua sur l'arbre et tenta d'entrer la tête dans le trou en s'aidant de ses pattes arrière. N'y parvenant pas, il fit un bond et courut jusqu'à la grande pierre pour gratter la terre tout autour. Soudain, il s'interrompit, hésitant, la truffe en l'air. Son regard s'arrêta sur Henry. Il était grand comme un mastiff ou un danois et, en deux enjambées, il le rejoignit. Sa tête lui arrivait à la taille. Il le renifla. Puis il s'aplatit à terre avant de retourner à l'arbre.

C'était absurde. Henry avait l'impression d'être à sa place sur cette montagne, de connaître ce chien. Son cerveau endormi fouilla parmi de vieux souvenirs, mais n'en trouva aucun auquel se raccrocher.

Alors le chien se tourna vers lui et lui dit d'une voix douce et féminine :

— Je ne suis pas d'avis de lui en parler. Nous ne savons pas quelle foi ajouter à ces nouvelles et, de toute façon, ça peut attendre demain.

Le rêve se mit à tourbillonner. Henry ne voyait plus l'arbre, mais la pierre était toujours là.

— Ce sont ses parents. Pourquoi lui faire des cachotteries à ce sujet ? demanda une autre voix.

— Il ne s'agit pas de cela. Seulement d'éviter de l'inquiéter pour rien.

— J'en sais davantage que lui, et ça me paraît anormal.

— Tu es un adulte, c'est naturel que tu en saches davantage.

— Comment cela ?

— Frank, ce ne sont même pas ses vrais parents. Tu comptes aussi le lui apprendre ?

Henry ouvrit les yeux. Il était sur son lit, dans l'obscurité de sa chambre. Les voix chuchotaient. Il distinguait difficilement les propos qu'elles échangeaient.

— Attends au moins demain matin. Il n'y a pas d'urgence.

Il y eut un silence. Puis Frank maugréa des mots que Henry n'entendit pas.

— Tu sens cette odeur ? demanda Dotty.

— Non, rétorqua Frank, je ne sens que l'air.

— Très bien, retournons au lit, alors.

Ces nouvelles étaient étranges. Pourtant, Henry était surtout soulagé qu'oncle Frank ait renoncé à entrer. Il se redressa, referma les placards ouverts, puis alluma la lumière et remit les affiches en place. Quand il eut terminé, il se recroquevilla à la tête de son lit.

Une partie de son rêve lui échappait déjà, se dissipant dans les méandres de son esprit, mais il se rappelait un chien qui parlait et ce qu'il avait dit. Tout comme il se rappelait les propos de sa tante et de son oncle.

Ses parents n'étaient pas ses véritables parents.

Il était presque soulagé. Il continuait d'espérer qu'ils s'en tireraient, mais, s'ils ne revenaient que lorsqu'il serait en âge d'aller à l'université, ça ne le dérangerait pas. Tant qu'ils étaient bien traités.

Henry se réveilla en sursaut. On frappait à sa porte.

— Entrez, dit-il.

Frank vint s'asseoir au pied de son lit.

— Bonjour, oncle Frank, lança Henry en se redressant et en bâillant.

— Bonjour, Henry.

Frank avait le regard perdu vers l'œil-de-bœuf, à l'autre bout du grenier.

— Je voulais te dire quelque chose, cette nuit, mais Dots m'a conseillé d'attendre le matin. Alors me voilà.

Voyant que son oncle semblait à court de mots, Henry vola à son secours.

— Qu'y a-t-il ?

— Eh bien, un homme a téléphoné hier, très tard. Il travaille pour le gouvernement, et il nous a appris que tes parents étaient vivants. Il y a une demande de rançon, ou quelque chose dans le genre.

— Ah. C'est tout ?

— Oui. Ta tante a trouvé que ce n'était pas une information capitale. Et que c'était une heure effroyablement tardive pour appeler les gens et leur annoncer ce qu'ils savent déjà. Pour ma part, je ne m'y attendais pas. Je n'aurais pas été étonné d'apprendre qu'ils avaient donné un grand coup sur la tête d'Ursula. Je suis même surpris qu'ils l'aient maintenue en vie aussi longtemps... J'imagine qu'ils sont poussés par l'appât du gain. Il y a combien de temps que cela dure ? Un mois ?

— Environ. On me l'a annoncé deux semaines avant le début des grandes vacances.

— Mmmm...

— Oncle Frank ?

— Oui ?

— Ce sont mes vrais parents ?

— Non, rétorqua Frank, le regard toujours perdu par la fenêtre.

— Ah...

— As-tu fait pipi au lit ?

— Non, dit Henry en rougissant.

— C'est étrange, j'ai l'impression que c'est mouillé.

— Oui, j'ai renversé un peu d'eau.

— Bref..., lança Frank en tapant ses mains sur ses genoux avant de se lever. Je voulais t'avertir. Ta tante et moi allons en ville. Penny et Anastasia nous accompagnent. Nous devrions être de retour pour le dîner. Je suis sûr que tu as de quoi t'occuper. Tu t'es déjà servi d'un ordinateur ? J'ai installé un jeu de réussite sur le mien, si ça te chante. Mais ne raconte pas aux filles que je t'ai permis de l'utiliser.

— Vous nous laissez tout seuls ?

— Oui, Henrietta et toi. Elle préférait rester, et elle a dit que toi aussi. Tu veux venir ?

— Non, ça ira.

— Ta tante vous a préparé des sandwichs pour le déjeuner et a laissé des instructions pour le dîner, au cas où on rentrerait trop tard.

Frank s'arrêta sur le seuil de la chambre et, par-dessus son épaule, jeta un coup d'œil au mur recouvert d'affiches.

— Ne faites pas de bêtises, ajouta-t-il avant de s'éloigner.

Henry se rallongea. Quelques minutes plus tard, il entendit la camionnette éructer et ses roues crisser sur le gravier. Henry n'avait aucune envie de se lever, mais Henrietta monta aussitôt.

— Debout, debout, debout ! s'écria-t-elle en sautant sur son lit. Ils sont partis !

Ses boucles rebondissaient autour de sa tête.

— Je dois m'habiller d'abord, sors, lui dit-il.

Elle se plaça de l'autre côté de la porte pour pouvoir lui parler pendant qu'il se préparait.

— Maman et papa voulaient nous emmener, mais je leur ai répondu que ça ne me disait rien et que tu devais aller chez Zeke, alors ils nous ont laissés. On va en profiter pour étudier les placards tranquillement.

— J'ai ouvert la boîte aux lettres cette nuit.

— Quoi ? demanda Henrietta en entrant alors que Henry essayait de passer la tête par une manche de sa chemise. Qu'est-ce qu'il y avait à l'intérieur ?

— Du courrier. Je ne l'ai pas encore lu, dit-il en réussissant enfin à enfiler sa chemise.

— Du courrier ? Mais pourquoi y aurait-il du courrier ?

— C'est une boîte aux lettres, répondit Henry sur le ton de l'évidence.

Henrietta fit mine de l'ignorer.

— Où l'as-tu mis ? dit-elle en secouant ses draps froissés.

— Henrietta, j'ai passé une nuit très bizarre.

Elle s'arrêta aussitôt. Ils s'assirent sur le lit et il lui raconta tout, la pièce jaune, le visage de l'homme, l'enveloppe qu'il avait repoussée, l'échec de son expérience pour réunir ses deux mains de l'autre côté.

— J'ai encore de la terre sur cette main, conclut-il en lui tendant sa paume gauche.

Henrietta était impressionnée.

— Tu as vu son visage ?

— Ouais.

— Il portait une moustache ?

— Ouais.

— Et tu as vu une pièce jaune ?

— Ouais.

— Est-ce qu'il t'a vu, lui ?

— Je ne crois pas. Son regard m'a traversé, comme s'il ne remarquait pas ma présence.

— Tu es sûr que tu n'étais pas en train de rêver ?

— Oui, le rêve a commencé après.

Henrietta siffla entre ses dents.

— Je suis sûre que ces portes sont magiques. Je n'y croyais pas vraiment, avant. Je me demande comment on passe de l'autre côté...

— De l'autre côté ?

— Oui, on doit trouver l'entrée de cet autre royaume.

— Mais les portes sont trop petites.

— Où as-tu mis le courrier ? insista-t-elle. Lisons-le d'abord... Tu veux peut-être petit-déjeuner ?

— D'accord, d'accord. Je l'avais laissé sur le lit, il a dû glisser.

Henrietta se mit en quête de la carte et des lettres pendant que Henry enfilait ses chaussettes, puis ils descendirent à la cuisine. Elle sortit le lait du réfrigérateur, il choisit ses céréales. Tandis qu'il mastiquait, elle examina la carte postale. C'était une photo en noir et blanc d'un lac et d'un grand bateau. Celui-ci était étrange. Les passagers se tenaient sur le pont supérieur, autour de trois cheminées. Une énorme roue à aubes ornait l'avant du bâtiment sous une proue qui ressemblait à celle des drakkars.

Henrietta la montra à Henry avant de la retourner. Le message était rédigé en cursives. Elle lut lentement.

16 sola
Simon,
Les enfants sont tous deux malades, et le vent tourmente quelque peu ma faible carcasse. Je te préparerai du poisson-chat à ta prochaine visite. Reviens vite.
Pensées affectueuses du lac Tinsil,
Gerty

Henry et Henrietta échangèrent un regard.

— Waouh ! lança-t-elle.

— Qu'est-ce que ça signifie ?

— Je l'ignore. La carte était sans doute adressée à papi. Il s'appelait Simon. Cette photo a l'air vieille, ajouta-t-elle en plissant les paupières.

— Il y a une légende, dit Henry en se penchant par-dessus elle. « Le fier *Valkr* sur ses eaux maternelles. » C'est le nom du bateau ? Le *Valkr* ?

— On dirait… Laquelle tu veux ouvrir maintenant ?

Il y avait deux enveloppes sur la table. Henry reconnut celle qu'il avait poussée dans le bureau de poste, elle était longue. L'autre était presque carrée.

— Mais il n'y en avait que deux, s'étonna-t-il.

— Je sais bien. Laquelle préfères-tu que je lise en premier ?

— Non. Il y avait seulement la carte postale et la longue enveloppe. Où as-tu trouvé celle-ci ? demanda-t-il en brandissant la lettre carrée.

Henrietta haussa les épaules.

— Avec les autres. Elles étaient coincées entre ton matelas et le mur.

L'enveloppe carrée, d'un blanc laiteux, était scellée par un rond de cire verte. La longue enveloppe couleur crème comportait, elle, des mots manuscrits. L'écriture était serrée et penchée, presque calligraphiée. Henry lut lentement :

— *Au maître de la 77e porte, septième rangée de la Lionne, DX de Byzanthamum.* On ne dirait pas une vraie adresse. Qu'indique l'autre ?

— *11 route du Fenil.* Ouvre-la.

Henry glissa ses doigts sous le rabat. Le papier se déchira aisément, et il en sortit une feuille épaisse qu'il déplia. C'était la même écriture que sur l'enveloppe. Tout en butant sur quelques mots, il se mit à lire :

Solstice d'été

Monsieur,

Á l'occasion de nos ritualismes contempora, nous nous sommes aperçus que certènes des voies perdues avaient été perturbées. Nous ne nous attarderons pas inutilement sur les moyens de nos discernimentata, car vous ne devez guère ignorer nos techniscientiques et savez, sans doute, que nous avons eu connaissance de votre présence dès que vous vous êtes manifesté.

Ancien ou fresche, maître de la boîte, vous êtes. Vous avez écrocorché la combinaison, et il vous faut ouïr nos intentions. Réveillez la fille aînée du second sire. Nous ne revivrons pas à moins. Réussissez, et vous sentirez l'air de la liberté. Échouez, et notre ordre sera sophistré en force. Prenez garde, l'aigle de seng n'est pas une poule.

Darius,
Le champion des derniers Magi,
S. de Byzanthamum

Henry reposa la lettre et dévisagea Henrietta.

— Tu n'as pas dû lire correctement, passe-la-moi.

Il s'exécuta et joua avec ses céréales ramollies pendant qu'elle prenait connaissance de la missive.

— C'est absurde, conclut-elle. Ce type devait être fou.

— Elle ne nous est pas adressée, d'après toi ? Je pourrais être le maître de la boîte, pourtant. Après tout, elle se trouve dans ma chambre.

Henrietta écarquilla les yeux.

— Quoi ? demanda Henry.

— C'est notre maison.

— Et...

— Tu n'es le maître de rien du tout, Henry. Et quand bien même, ajouta-t-elle en considérant la lettre, c'est du charabia. Quel qu'il soit, le maître est censé réveiller la fille du second sire. Un sire, c'est un roi, non ? Tu connais des rois, toi ?

— Peut-être, répondit-il en remuant ses céréales. Qu'est-ce que tu en sais ?

Elle éclata de rire.

— C'est vrai. Je vais ouvrir l'autre.

Le sceau de cire verte scintillait à la lumière comme du verre. Il était ourlé sur tout son pourtour et représentait une tête d'homme barbu aux yeux vides, dépourvus de pupilles. Des feuilles poussaient dans sa barbe, son nez et sa bouche. Des pieds de vigne sortaient de ses oreilles et venaient s'enrouler sur son front, comme une couronne.

— C'est un peu effrayant, décréta Henrietta.

Elle essaya de rompre le sceau, mais il résistait. Elle voulut alors déchirer l'enveloppe, mais ne réussit pas à faire la moindre encoche dans le papier.

— Je vais chercher des ciseaux.

Henry se tortilla sur sa chaise.

— C'est inutile. C'est comme la porte de papi. Tu ne pourras pas l'ouvrir, dit-il en prenant l'enveloppe.

— Je vais quand même les chercher.

Elle se détourna, mais n'eut pas le temps de faire un pas. Un bruit semblable à une articulation qui craque résonna dans son dos.

— Qu'est-ce que c'était ? demanda-t-elle.

— Euh… J'ai touché le sceau.

— Quoi ?

— Le sceau, sur la lettre. Je l'ai touché, dit-il.

Il s'était scindé, coupant en deux l'homme qu'il représentait.

— Il est cassé, lança Henrietta. Juste au milieu.

Elle prit l'enveloppe et tenta de l'ouvrir. Le papier refusait de lui obéir. C'était en réalité une épaisse feuille qui se déplia sans résistance sous la main de Henry. Il la brandit.

— Tu veux la voir ?

— Lis à voix haute, répondit Henrietta en s'affalant sur une chaise.

Son pouce trouva le chemin de ses lèvres et elle se mit à en ronger l'ongle. Henry fut surpris. La lettre n'était pas manuscrite, mais avait été tapée à la machine. Et vraisemblablement sur une machine très vieille. Les *T* et les *K* étaient surélevés. Elle était beaucoup plus facile à lire que l'autre.

Déclaration du Comité Central des Fées pour la Prévention des Incidents (district R. R. K.)

Prononcée dans le cadre de l'article sur la promulgation des directives d'urgence

(Livre des Fées, VI, iii)

Remise sur le mont Badon (district A. P.)

À qui de droit,

Nous avons reçu, sur la colline des Fées (district

R. R. K.), un témoignage au sujet de certaines portes ouvertes sans aucune autorisation et utilisées à des fins futiles au détriment de cinq de nos districts les plus anciens ainsi que deux civilisations. Lesdites portes étaient censées avoir été détruites et/ou scellées.

Ledit témoignage sur ladite colline dudit district a permis d'établir ce qui suit :

a) les portes n'ont pas été détruites ni scellées, ou, si elles l'ont été, elles ont été reconstruites ou rouvertes ;

b) derrière lesdites portes dort un garçon, timide de tempérament, qui ronfle et pleurniche dans son sommeil (en conséquence, ci-après nommé : le Pleurnicheur) ;

c) le Pleurnicheur fait la honte de tous ceux qui visent la sagesse, qui ont mérité leurs cheveux gris et les cicatrices dont le temps les a parés et qui s'efforcent de prévenir au sein de ce territoire les incidents passés, présents et futurs.

Ayant ajouté foi à ce témoignage, le Comité Central des Fées pour la Prévention des Incidents a émis l'avis suivant :

Si le Pleurnicheur, par son ingérence – innocente ou malveillante –, réveillait ou délivrait de vieux démons vaincus ou de jeunes démons jamais combattus, il serait entièrement tenu pour responsable par le CCFPI et serait, en conséquence, détruit.

Que le Pleurnicheur se le tienne pour dit.

Une fois le sceau brisé, nous considérerons que ce message et l'avertissement qu'il contient ont été délivrés.

Vous voilà donc averti.

Ralph Radulf
Président du CCFPI

Henry leva les yeux vers sa cousine.

— Quelqu'un est au courant que j'ai trouvé les portes.

— Tu n'en sais rien, il ne s'agit pas forcément de toi. Même si tu pleurniches la nuit, ajouta-t-elle en souriant.

— Ça n'a rien de drôle. On m'observe, c'est très inquiétant.

Henrietta haussa les épaules, mais elle porta inconsciemment son pouce à sa bouche. Henry avala ses céréales, puis ils remontèrent. Ils arrachèrent les affiches et observèrent les placards.

— Je vais d'abord regarder dans la boîte aux lettres, proposa Henrietta. Mais on devrait ensuite taper sur les autres portes histoire de voir si elles ne sont pas simplement coincées, elles aussi.

Pendant que Henrietta observait attentivement à travers la petite fenêtre, Henry grimpa sur son lit et se servit du manche du burin pour tester les serrures et les loquets.

— Tu es sûr que la pièce était jaune ? demanda Henrietta.

— Oui, mais je pense qu'elle ne se situe pas dans le même fuseau horaire que nous. Ce qui expliquerait qu'elle soit plongée dans le noir à l'heure qu'il est.

Henrietta s'assit.

— Je viendrai faire le guet avec toi, cette nuit. J'espère qu'Anastasia et Penelope dormiront d'un sommeil profond. Tu as aussi essayé celles du bas ? J'aimerais les voir… Tirons le lit.

Ils l'éloignèrent du mur autant qu'ils purent, soit d'une cinquantaine de centimètres. Henrietta sortit un élastique en caoutchouc de sa poche et attacha ses cheveux en queue-de-cheval.

— J'aime bien celle-ci, dit-elle. La noire.

La porte, carrée, mesurait environ vingt centimètres sur vingt et était extrêmement sombre. La poussière de plâtre qui la recouvrait par endroits faisait comme des traces de craie sur un tableau d'école.

— Vraiment ? Tu ne trouves pas qu'elle a l'air triste ?

— Non, elle a l'air magique.

— Mais elle est noire.

Henrietta sourit avant de répondre :

— C'est justement pour cette raison qu'elle a l'air magique. On dirait de l'ébène, c'est une belle couleur.

Henry l'examina plus attentivement. Il ne l'avait pas remarquée jusqu'à présent. L'heure tardive à laquelle il l'avait découverte et sa fatigue avaient joué un rôle, bien sûr, mais surtout elle ne lui avait pas fait bonne impression. Il était donc passé à la suivante, sans pouvoir se l'expliquer.

— Tu as essayé de l'ouvrir ?

— Je ne m'en souviens pas.

— Qu'est-ce que tu attends, alors ?

Henry n'avait aucune envie de s'exécuter. Un minuscule bouton métallique se trouvait au centre du carré noir. Il se baissa pour le toucher. Il était froid.

— Il ne tourne pas, dit-il en se redressant.

— Il devrait ?

Elle se jeta à plat ventre sur le lit, agrippa le petit bouton et tira. La porte s'ouvrit en coulissant. Une chaîne en or, attachée au fond, suivit le battant en raclant le sol.

— J'ai réussi.

Henry éprouva aussitôt le besoin de quitter la pièce. Une boule s'était formée dans sa gorge.

— Je ne crois pas que ce soit bien, murmura-t-il. Je vais être malade...

Henrietta ne lui prêtait pas attention, elle tirait sur la chaîne.

— Elle est fixée à l'intérieur. Oh, regarde !

Elle plongea les bras vers le trou noir, qui s'enfonçait dans les entrailles du mur.

Henry vomit sur le plancher avant de s'évanouir.

Lorsqu'il reprit ses esprits, il se sentait mieux. Assise sur le lit, Henrietta l'observait.

— Ça va ? Tu as dégobillé. J'ai posé une vieille serviette dessus. Tu nettoieras plus tard.

— Je n'aime pas cette porte, elle m'a rendu malade. Est-ce que j'ai perdu connaissance ?

— Ouais, mais tu respirais encore, alors je ne me suis pas inquiétée.

— As-tu refermé la porte ?

— Oui, mais je ne crois pas qu'elle soit responsable. Je l'aime vraiment bien. Regarde ce que j'ai trouvé à l'intérieur.

Elle brandit une clé. Elle était bien plus grosse que l'autre et bien plus ancienne, aussi. C'était un passe-partout.

— Je pense que c'est la clé qui ouvre la chambre de papi. Papa en avait d'autres dans le même genre. J'ai attendu que tu te réveilles pour l'essayer.

Henry se redressa. Une serviette verte miteuse formait un petit tas à ses pieds.

— Mais pourquoi la clé de papi se serait-elle trouvée derrière cette porte ? Elles ont été plâtrées il y a longtemps. Tu t'en souviendrais si ça remontait à deux ans.

— Il y a peut-être plusieurs clés. Et puis ce sont des portes magiques. Tu as bien vu le visage d'un facteur derrière l'une d'entre elles. Franchement, je ne vois pas ce que la présence de cette clé aurait de si surprenant.

— À mon avis, on n'ouvrira pas la chambre de papi avec une clé. Je suis sûr qu'elle est coincée par quelque chose.

— Ça ne coûte rien d'essayer, lança Henrietta en se levant.

Henry l'imita en se demandant s'il allait encore être malade. Ils repoussèrent le lit puis descendirent au premier, où ils enjambèrent le trou dans le plancher et le tapis en lambeaux pour atteindre la vieille porte défigurée.

— Vas-y, dit Henrietta en lui tendant la clé.

— C'est toi qui l'as trouvée.

— Oui, mais je veux que ce soit toi qui l'ouvres.

— Pourquoi ?

— Je ne sais pas. Il me semble que c'est logique.

Henry plongea la clé dans le trou qui, autrefois, était recouvert d'une plaque de laiton. Elle rencontra une résistance, mais finit par tourner. Il recula.

— Il n'y a pas de poignée.

— Pousse.

Henry tendit un bras vers la surface irrégulière de la porte, et lui donna une poussée. Le battant s'ouvrit en grand et sans un bruit.

— Mince ! s'écria Henrietta.

Ils risquèrent un coup d'œil à l'intérieur. L'immense lit était fait. L'horloge sur la table de nuit égrenait son tic-tac à côté d'un livre ouvert posé à l'envers, sans doute pour garder la page. Derrière se trouvait un vase en verre translucide contenant des fleurs fraîches. L'une des fenêtres était ouverte, et le rideau frémissait sous la brise.

— À ton avis, ce sont des fausses ? demanda Henrietta.

— Pardon ?

— Les fleurs, dans le vase près du lit.

— On ne dirait pas. Il y a de l'eau.

Henry voulut franchir le seuil de la chambre.

— N'y va pas.

— Pourquoi ?

— Il ne devrait pas y avoir de fleurs. Papi est mort il y a deux ans, et la porte est fermée depuis. Il ne devrait pas y avoir de fleurs. Et regarde, la fenêtre est ouverte.

Henry parcourut la pièce du regard.

— Il y a des taches brunes sur les fleurs.

— Mais elles ne sont pas sèches. Et il n'y a pas un seul grain de poussière.

Et, prenant appui sur le chambranle, Henrietta se pencha en avant. Elle tirait nerveusement sur sa queue-de-cheval.

— Papi ? appela-t-elle. Es-tu là ?

Elle recula sur le palier.

— On devrait entrer.

Devant le silence de sa cousine, Henry avança.

— Tu vois quelque chose ? demanda-t-elle.

— Il n'est pas là. Il n'y a que des livres. Des tas de livres.

— Vérifie derrière la porte.

Henry s'exécuta et découvrit une robe de chambre violette pendue à une patère. Il l'observa en silence.

— Qu'y a-t-il ? Qu'as-tu trouvé ?

— J'ai déjà..., commença-t-il, mais sa mémoire se déroba.

La robe de chambre était violette. Et sale. Et longue. De colère, Henry serra le tissu dans son poing. Il était aux prises avec des souvenirs rebelles. Henrietta pénétra dans la pièce et le considéra d'un air inquiet.

— Henry ? Tout va bien ?

Il lâcha la robe et s'humecta les lèvres.

— Est-ce que papi était petit ? J'ai fait un rêve, enfin je crois... Il y avait un bonhomme qui portait ce machin violet. Un petit vieux. Il sortait de la salle de bains.

Henrietta le dévisageait.

— Papi était grand. Très grand. Tu as vu quelqu'un dans la salle de bains ?

— Je ne suis pas certain. Peut-être pas. Mais j'ai cette image que je ne m'explique pas.

Henrietta s'avança jusqu'au lit et frissonna.

— Je ne suis pas rassurée, Henry.

Celui-ci prit le livre sur la table de nuit et le retourna.

— C'est un journal.

— Le journal de papi ?

— Il est terminé. On dirait plutôt qu'il le lisait.

— Ça m'étonnerait. Papa nous a raconté qu'il lui faisait la lecture d'un livre sur une vieille guerre quand il est mort. Ce journal doit appartenir à quelqu'un d'autre.

— À qui ?

Elle écarquilla les yeux avant de répondre :

— La personne que tu as vue dans la salle de bains, peut-être ? Comment je le saurais, après tout ?

Elle frissonna derechef et se frotta les bras. Henry se mit à lire.

— Henrietta, ça parle des placards.

— Comment ?

Elle regarda par-dessus son épaule. La page de droite comportait un dessin. Malgré les taches d'encre, on discernait parfaitement ce qu'il représentait. Le mur de la chambre de Henry. Toutes les portes étaient là. Au milieu de chacune d'entre elles, à l'exception d'une seule, se trouvait un chiffre. La page de gauche contenait deux colonnes numérotées de 1 à 98.

Chapitre huit

— Pourquoi n'y en a-t-il que 98 ? demanda Henrietta. Je croyais que nous en avions compté 99.

Henry serra les lèvres.

— Apparemment, la porte avec les gros boutons et les symboles n'a pas de numéro.

Henrietta se rapprocha.

— Qu'y a-t-il d'écrit à côté des chiffres ? Ça explique comment passer de l'autre côté ?

— Je ne pense pas.

— Qu'est-ce que ça raconte alors ?

— Sur quelle porte ? Il y en a 98.

— Mmmm… La boîte aux lettres, par exemple.

Henry étudia le dessin et trouva le petit rectangle correspondant. Il comportait le numéro 77. Sur la page de gauche, trois mots séparés par des barres obliques suivaient ce numéro :

— *Correspondance / Byzanthamum / Quand ?* lut-il.

— Je ne comprends rien. Et toi ?

— Correspondance, ça doit être pour courrier. Byzanthamum est un endroit, il était mentionné dans l'une des lettres. Je les ai laissées sur mon lit, ajouta-t-il en se tournant vers elle.

— Je vais les chercher.

— Celle avec l'écriture de fou est adressée au maître de la 77e boîte, haleta-t-elle à son retour. Lis la légende de la porte noire.

Au lieu d'obtempérer, Henry s'intéressa au placard au-dessus de la boîte aux lettres, celui par lequel la pluie était tombée sur son lit. Il avait le numéro 56 : *Royaume / Mont Badon / Idem.* Henrietta tendit les deux lettres à Henry. L'en-tête de celle qui avait été tapée à la machine indiquait qu'elle avait été expédiée par les habitants du mont Badon. Un frisson le parcourut : quelqu'un avait dû déposer la lettre sur son lit pendant son sommeil.

— Et la porte noire ? insista Henrietta.

Henry la repéra sur la rangée du bas. En tout cas, c'est ce qu'il lui sembla. Il ne se rappelait pas sa position avec certitude.

— 8 : *Endor,* lut-il. C'est tout ce qu'indique la légende, et ça ne présage rien de bon.

— Pourquoi ? Moi, je trouve ça excitant. Qu'est-ce que ça signifie, Endor ?

— Ça doit être un endroit, comme Badon. C'est de là que proviennent les vers de terre, la pluie et la seconde lettre. Ce sont les noms des endroits de l'autre côté des portes.

— On peut y aller, tu crois ?

— Non.

— Pourquoi ?

— On est trop grands.

Henrietta pesa ces paroles un moment.

— Il doit bien exister un moyen de nous rapetisser.

— Ça m'étonnerait.

— Et l'autre porte ? Qu'est-ce qu'elle disait déjà ?

— *Correspondance / Byzanthamum / Quand ?*

— Byzanthamum, ça ressemble à un nom de fleur. Ce serait chouette si c'était un monde avec des fleurs.

— C'est un bureau de poste.

— Et à l'extérieur de la poste ? Si on pouvait s'y rendre, on pourrait en sortir, non ?

Henry n'avait pas vu les choses sous cet angle. Il avait

établi que les portes ouvraient sur d'autres lieux. Mais il se les était représentés comme autant de pièces secrètes d'une maison. Pour lui, le mont Badon se résumait à un endroit avec des arbres et Byzanthamum à un bureau de poste jaune. Il n'avait pas envisagé que ces endroits pouvaient mener à d'autres endroits, menant eux-mêmes à d'autres... à autant qu'il y avait d'étoiles, de gens ou de souffles dans le vent.

— Tu crois qu'il pourrait s'agir de mondes différents ? demanda-t-il.

— J'y ai pensé. C'est une possibilité, mais je n'y crois pas.

— Pourquoi ?

— Ils ont l'air tellement... réels.

— Ah...

— Regarde, dit-elle. Cette porte indique *Arizona*. J'ai été en Arizona, ce n'est pas un monde différent.

Elle avait raison. Ce nom se trouvait dans la légende numéro 17.

— De quelle porte s'agit-il ?

Ils examinèrent tous les deux le dessin et la trouvèrent sur la quatrième rangée en partant du bas, à l'extrême gauche. Ils parcoururent alors la liste à la recherche d'autres noms familiers. C'était le seul. *Aksum* rappelait vaguement quelque chose à Henry, mais il ignorait quoi. Quand ils en eurent terminé avec la liste, il referma le journal et s'assit sur le lit de papi.

— Qu'est-ce qui ne va pas ? lui demanda Henrietta en s'installant à côté de lui et en lui prenant le journal des mains.

Elle l'ouvrit à la première page. Henry soupira.

— On ne devrait pas être là.

— On dirait Penelope...

— Écoute-moi. Quelqu'un, probablement papi, a caché

ces portes. Je ne les aime pas beaucoup, surtout la noire. Je propose qu'on raconte tout à ton père. Ou qu'on dépose la clé de la chambre à un endroit où il la trouvera forcément.

— Tu as les chocottes.

— Et alors ? Aucune des deux lettres n'était très agréable.

— C'est parce qu'on t'a traité de pleurnicheur ? Ne t'inquiète pas, ce n'est pas si grave. C'est normal d'avoir peur, quand on est petit.

— Je suis plus vieux que toi. Et plus grand.

Henrietta éclata de rire et releva le menton.

— Oui, mais moi, je n'ai pas peur.

— Oh, arrête ! Tu avais la frousse d'entrer dans cette chambre.

— Ce n'est pas la même chose. Et je ne me suis pas dégonflée. Je suis sûre que tu peux être aussi courageux qu'une fille… plus jeune et plus petite que toi. Essayons de trouver des informations sur ces placards, ensuite on décidera d'en parler ou pas à papa. D'accord ?

Henry acquiesça. Henrietta jeta un coup d'œil alentour avant de reprendre :

— Ne restons pas ici, montons dans ta chambre.

Henry prit les lettres, Henrietta le journal. Il retira la clé de la serrure pour la ranger dans sa poche. Il tira le battant aussi près du chambranle que possible, puis glissa un doigt dans le trou de la serrure pour le fermer complètement. Sans un regard par-dessus leur épaule, ils grimpèrent et se jetèrent sur le lit humide. Ils cherchèrent sur le mur les portes dessinées dans le journal. Lorsqu'ils commencèrent à avoir du mal à s'y retrouver, Henrietta inscrivit le nom et le numéro de chacune d'entre elles sur de petits morceaux de papier, qu'elle scotcha ensuite dessus en prenant soin d'éviter de poser le pied dans le petit accident de Henry.

Quand ils eurent identifié la moitié des placards, elle annonça qu'elle en avait assez de scotcher.

— Je peux te relayer, proposa Henry.

— Ce n'est pas vraiment le problème. J'en ai marre de regarder ces placards. Je voudrais en traverser un.

— Sauf que c'est impossible.

— Je suis sûre qu'il y a un moyen. Pourquoi papi les aurait-il gardés, autrement ?

— Il les a murés.

— J'aimerais voir de l'autre côté de la noire. Remarque, on peut déjà y passer le bras.

Henry feuilletait le journal. C'était principalement un charabia auquel ils ne comprenaient rien, accompagné d'une tonne de dessins et de descriptions de la maison. À l'exception des deux pages dédiées aux portes, ils n'avaient rien trouvé d'utile.

— Je vais quand même essayer, déclara Henrietta.

Henry l'ignora, s'entêtant à compulser le journal. Henrietta s'intéressa d'abord à la porte du mont Badon. Elle s'appuya de tout son poids sur le loquet, et le battant finit par s'ouvrir. Henry n'eut pas besoin de relever le nez pour apprécier le changement d'atmosphère. Henrietta aussi se délectait de cette odeur.

— J'aimerais que ma chambre sente ainsi, dit-elle en passant la tête et les bras par l'ouverture.

Henry savait ce qu'elle avait touché : une terre douce, légèrement humide, et de la mousse.

— J'ai senti le soleil..., dit-elle en retirant sa main. Je crois que je connais le moyen de voir de l'autre côté.

— Lequel ? demanda Henry, dont elle avait enfin capté l'attention.

— Il ne fait pas nuit, en réalité. Simplement, la lumière ne traverse pas. Il nous faut donc un périscope.

Henry éclata de rire.

— Un périscope ? Et où veux-tu que nous en dégotions un ?

— Dans la grange. Maman et papa me l'ont offert pour mon dernier anniversaire. C'est papa qui l'a fabriqué. Je reviens tout de suite.

Elle laissa Henry seul. Il ne lui fallut pas longtemps pour explorer à son tour l'intérieur du placard. Il ramassa un morceau de bois en décomposition ainsi qu'un scarabée, avant de sonder les parois. En haut, il ne rencontrait que le vide, les côtés étaient rugueux, en décomposition, et le sol était terreux. Il sentit soudain la caresse du soleil sur le dos de sa main et ses doigts. Il retira son bras et réfléchit : le périscope pourrait leur être utile, en effet. Et, s'il l'était, Henrietta voudrait ouvrir la porte noire et lui serait de nouveau malade. Il décida de se séparer de la serviette verte. Il descendit la rincer dans l'évier de la cuisine, puis remonta au grenier avec une pile de serviettes en papier. Une fois le nettoyage terminé – d'après les standards d'un garçon, en tout cas –, il s'en débarrassa dans les toilettes au premier étage. Sans réfléchir, il tira la chasse d'eau et vit le niveau de l'eau monter en bouillonnant. Il entendit alors Henrietta remonter et la rejoignit sans plus attendre.

Elle s'évertuait déjà à introduire le périscope dans le placard du mont Badon. Frank l'avait fabriqué à partir de tubes en PVC et de vieux rétroviseurs de motocyclette.

— Dans quelle direction est-il pointé ? demanda-t-il.

— Comment ça ?

— Ton périscope, il est tourné vers le ciel, le sol ou le côté ? Il ne te permettra pas de voir droit devant.

— Pourquoi ? répondit Henrietta, interloquée.

— C'est comme ça.

— Je vois quelque chose ! s'écria-t-elle. C'est tout vert.

— Ça doit être de l'herbe... Il est donc pointé vers le bas.

— Comment on regarde en haut ?

— Il faut retirer un rétroviseur.

— Tu veux casser le périscope ?

— Non, juste l'enlever, le temps de voir ce qu'il y a en haut. On pourra toujours le remettre après.

— Fais attention. Je ne veux pas que papa croie que je l'ai cassé.

— Il ne s'en rendrait même pas compte de toute façon, rétorqua-t-il en tirant sur le rétroviseur situé au sommet, qui ne lui opposa aucune résistance.

— J'éteins la lumière, lança Henrietta.

Henry, lui, ferma la porte de sa chambre. Ils retinrent leur souffle. Un solide rayon de soleil traversa le périscope pour venir former un rond éclatant sur le plafond, révélant au passage des grains de poussière en suspension dans l'atmosphère. Henrietta se pencha sur l'instrument. Au bout de plusieurs secondes, elle tourna des yeux humides vers Henry.

— Qu'as-tu vu ?

— De l'herbe, de grands arbres et le ciel... Ensuite, par accident, j'ai regardé le soleil. Il y avait un gros rocher, aussi. Je veux voir sur les côtés, maintenant.

— À mon tour, d'abord.

Henry aperçut, comme prévu, des herbes hautes qui ondulaient doucement, puis, au-delà, la surface grise et couverte de mousse d'une grande pierre, enfin, plus loin encore, la cime d'arbres gigantesques. Il fit pivoter le périscope et discerna les feuilles au sommet des arbres, et surtout, surtout, le ciel d'un bleu azur et, dans cet azur, un seul nuage. Il ajusta l'instrument pour étudier la pierre. Il la reconnut rapidement. Ce n'est qu'ensuite qu'il remarqua les os alignés sur sa gauche. Un crâne, pour ainsi dire le nez au vent, était posé contre la dalle. La mousse mouchetait de jaune et d'ivoire la surface tout autour. Henry avait du mal à discerner les détails, mais il distinguait l'arête du nez, l'orbite d'un œil et la mâchoire supérieure, où étaient plantées de grandes canines. Il pensa d'abord à un loup. Puis à un chien. Noir. Il se redressa brusquement.

Il avait oublié son rêve jusqu'à ce que ce crâne le ramène à la surface de sa mémoire. Les images de la colline, des arbres et de la pierre se bousculèrent dans son esprit.

— C'est l'intérieur d'un vieux tronc.

— Qu'est-ce que tu racontes ?

— J'ai vu cet endroit en rêve, expliqua Henry, et il le lui décrivit de A à Z. Nous sommes dans le trou au pied duquel le grand chien noir grattait.

Henrietta demeura silencieuse. Henry aussi. Il ne savait que penser.

— Allons voir Endor, proposa Henrietta.

— Quoi ?

— La porte noire. Regardons ce qu'il y a derrière celle-ci, maintenant.

Henry secoua la tête.

— Je n'en ai aucune envie. Je vais encore être malade.

— Mais non. Tu n'as pas eu de cauchemar sur cet endroit, si ?

— N'empêche, je n'ai pas envie.

— Oh, on a oublié de nettoyer !

— Je l'ai fait, pendant que tu étais dans la grange. Mais j'ai bouché les toilettes avec des serviettes en papier.

— Est-ce que ça a débordé ?

— Je ne sais pas.

— Eh bien, tu n'as qu'à aller vérifier pendant que je jette un coup d'œil. Tu es pire que Penny, elle n'est jamais curieuse de rien.

Henry se leva sans mot dire. Ce qu'il voulait rétorquer

serait passé pour puéril. Il avait la certitude que ses craintes étaient justifiées. Pour autant, il était gêné d'avoir vomi devant Henrietta. Il prit soin de refermer la porte derrière lui en sortant : il espérait que Henrietta aurait peur dans le noir. Au moins un peu.

Il descendit dans la salle de bains pour s'assurer qu'il n'avait pas bouché les toilettes. C'était pourtant le cas, malheureusement. Il y avait une ventouse juste à côté de la cuvette, mais Henry n'en avait jamais utilisé. Ce qui n'avait rien de surprenant, vu son manque d'expérience de la vie. Il avait lu tout un tas de choses au sujet des chasses d'eau dans les livres ennuyeux à mourir que son père lui offrait pour Noël ou pour son anniversaire. Mais jamais rien sur les ventouses. Il la plongea une ou deux fois dans les toilettes avant de tirer, une nouvelle fois, la chasse.

Il était en colère contre Henrietta et contre lui-même. Pourquoi s'était-il évanoui comme une poule mouillée ? Et pourquoi s'entêtait-elle dans sa bêtise ? Cette porte était dangereuse, il en était sûr. D'ailleurs, il n'aurait jamais dû laisser Henrietta seule. Il était plus grand qu'elle après tout.

L'eau, qui avait atteint un niveau inquiétant, se mit soudain à gargouiller et à redescendre. Henry se pencha au-dessus de la cuvette en se demandant où elle avait bien pu passer, puis il remonta.

Dès qu'il posa la main sur la poignée, il sentit un frisson glacial le parcourir. Il ouvrit les battants d'un mouvement leste et pénétra dans la pièce obscure. Son lit était poussé en travers.

— Henrietta ?

Le froid le saisit, ses poils se dressèrent sur ses bras, son estomac se noua, son cœur lui remonta dans la gorge et ses jambes menacèrent de se dérober. Il bondit sur son lit pour atteindre la lampe de chevet. Dans sa précipitation, il la renversa mais parvint malgré tout à trouver l'interrupteur.

Henrietta était allongée à plat ventre entre le lit et le mur. Son bras gauche était plongé jusqu'à l'épaule dans le placard noir.

Ravalant la nausée qui montait, Henry sauta à terre, la saisit par les épaules et tenta de l'écarter du mur. Elle ne bougeait pas. Il se mit à quatre pattes et plongea un bras à l'intérieur. Il fit courir ses doigts le long de la peau gelée de Henrietta. Il sut qu'il était passé de l'autre côté lorsqu'elle devint glaciale. Ses doigts poursuivirent leur route jusqu'à tomber sur la main qui enserrait le poignet de sa cousine. En un éclair, elle avait lâché Henrietta pour se saisir de Henry.

Il poussa un hurlement et essaya de se libérer. Il fut projeté contre le mur, sa tête heurta le bouton d'une autre porte. Des mots violents qu'il ne comprenait pas retentirent dans le placard, et la température descendit encore. Henry se tordit, les dents serrées, les muscles tendus. La nausée continuait d'enfler dans sa poitrine. Les doigts autour de son poignet glissèrent pour resserrer leur étreinte un peu plus haut, autour de son avant-bras et de la manche de sa chemise. Il appuya ses deux genoux contre le mur et tira en arrière. La manche glissa vers son poignet.

Henry n'eut même pas besoin de réfléchir. Il avait utilisé la même ruse dans la cour de récréation. Il retira son bras de sa chemise. La main chercha à l'agripper, mais il fut le plus rapide. Lorsqu'il eut complètement libéré son bras, il fit passer le reste de la chemise par-dessus sa tête. Elle disparut dans le trou noir, et Henry bascula par terre. Avant qu'il n'ait le temps de dégager le bras de Henrietta, elle fut tirée vers le mur. Henry se précipita vers sa table de nuit, sur laquelle il récupéra son couteau.

Cette fois-ci, lorsqu'il s'accroupit près du corps de sa

cousine, il agrippa son épaule de sa main droite tout en remontant le long de son bras de la gauche, dans laquelle il tenait son couteau. Quand il fut presque arrivé au bout, il s'arrêta pour prendre une profonde inspiration. Puis il projeta la lame en avant. Elle heurta quelque chose de dur, sur quoi elle glissa, et se referma sur les doigts de Henry. Il entendit un hurlement de douleur et sentit que le bras de Henrietta était libre. Il lâcha son couteau, retira sa main et attira sa cousine loin du mur. Puis il jeta la chaîne en or à l'intérieur et referma la porte noire. Il s'assit en plaquant ses deux pieds contre elle et poussa un râle.

Henrietta ne bougeait pas. Henry observa ses doigts : trois d'entre eux dégouttaient de sang sur le plancher. Il frissonna. La pièce était un vrai igloo, surtout sans chemise, mais il devait s'occuper de Henrietta. Il la secoua doucement.

— Henrietta ?

Elle tourna la tête sans se réveiller.

— Henrietta ? répéta-t-il en la secouant plus fort.

En relevant la tête, il découvrit que Noiraud l'observait depuis le lit. Son corps blanc était immobile, ses oreilles dressées, et sa queue grise remuait.

— Tu as vu ? lui demanda Henry.

Le chat considéra la porte noire, puis sauta du lit pour passer sa langue râpeuse sur le visage de Henrietta, qui ouvrit les yeux et tenta de s'asseoir. Henry l'y aida.

— Ça va ?

Henrietta bâilla avant de répondre :

— Où est ta chemise ?

— Elle a disparu dans le placard noir, elle est donc à Endor, j'imagine...

— Tu l'as mise dans le placard ?

— Non...

— Qu'est-il arrivé à ta main ?

— Tu ne te souviens de rien ?

— Tu as bouché les toilettes.

— Après ça.

— Ah…, dit-elle en fronçant les sourcils et en regardant autour d'elle. J'ai ouvert la porte noire.

— Et ?

— La lampe de poche est tombée à l'intérieur.

— Tu as utilisé une lampe de poche ?

— Je l'ai scotchée sur une règle en bois et je l'ai introduite dans le placard avec le périscope.

— Tu es débile, ou quoi ?

— Ce n'est pas gentil.

— Mais c'est la vérité ! Tu es débile ! lança Henry en se levant et en arpentant sa chambre. Tu es complètement idiote ! Pourquoi as-tu agi de la sorte ?

— Voyons un peu…, répondit-elle d'un ton cassant. Parce qu'il faisait sombre ? N'est-ce pas pour cette raison qu'on utilise des lampes de poche ?

— Et toi, tu en as tout bonnement introduite une dans un endroit inconnu, et maléfique de surcroît.

— Exactement. Parce que je n'ai pas pris mes jambes à mon cou comme un trouillard, moi. Je ne suis peut-être qu'une fille, mais je suis plus courageuse que toi.

Henry poussa un grognement désapprobateur.

— C'était ma lampe préférée. Crois-tu qu'on pourrait la repêcher ?

— Non ! hurla-t-il. Non ! non ! non ! Tu ne te rappelles pas ? Quand je suis remonté, tu avais perdu connaissance. Quelqu'un te tirait par le bras, j'ai dû le frapper avec mon couteau pour qu'il te lâche. Alors non !

— Vraiment ? La bonne nouvelle, c'est qu'ils ne peuvent rien nous faire ici. Et puis, c'est juste une égratignure…

Henry était dans une rage noire. Il donna un coup de pied dans le mur, dans le lit. Il chercha un objet à fracasser.

Il faillit dire tout un tas de choses, mais sa bouche et son esprit ne parvenaient pas à se mettre d'accord. Il resta silencieux jusqu'à ce qu'enfin il retrouve un semblant de calme. Sa respiration était lourde.

— Tu n'as aucun droit d'être dans ma chambre, ni de regarder ces portes. Tu n'as aucun droit de les ouvrir, ni de m'en parler. Tu n'as aucun droit.

— De toute façon, si tu m'interdis de venir dans ta chambre, je ne vois pas comment je les ouvrirais. Tu te conduis comme un idiot, ajouta-t-elle en se relevant et en prenant Noiraud.

Sans ajouter un mot, elle sortit. Henry s'affala sur son lit, et sa colère retomba progressivement. Il se raconta une histoire. Une histoire qui disait combien il s'était montré juste, bon et compréhensif. Qui disait qu'il avait eu raison d'agir ainsi, que le ton de sa voix et les mots qu'il avait employés étaient parfaitement justifiés. Cette histoire parlait aussi d'une fille qui ne comprenait rien à rien. Puis soudain Henry se souvint qu'il avait poussé une enveloppe dans un endroit inconnu juste pour voir. Il avait agi de son plein gré. Cet événement ne cadrait pas avec le reste de l'histoire, et Henry s'efforça de l'ignorer. Comme il ne le pouvait pas, il chercha à l'expliquer. C'étaient deux choses complètement différentes. Il était évident que le bureau de poste n'était pas dangereux, puisqu'il était jaune. Henry voulait simplement tester la réaction du facteur. La lampe de poche, c'était idiot. Henry n'en avait pas introduit dans le bureau de poste. Henrietta ne s'était même pas excusée. Il l'aurait fait à sa place. Il s'excusait toujours quand les autres s'énervaient. Elle avait l'air de se ficher complètement que Henry lui ait presque sauvé la vie. Bien sûr, elle ne s'en souvenait pas, puisqu'elle était inconsciente. Oh, c'était compliqué...

Henry se leva, enfila une autre chemise et décida d'oublier toute cette histoire. En descendant, il se força même à siffloter. Henrietta était attablée devant un sandwich.

— Le tien est dans le réfrigérateur.

— Merci. Tu veux boire quelque chose ? lui demanda-t-il en se dirigeant vers la cuisine.

— Volontiers.

Henry revint s'installer à côté d'elle avec son sandwich et deux verres de lait.

— Je suis désolée de m'être conduite comme une idiote, lança Henrietta en glissant une mèche de cheveux derrière son oreille, mais sans tourner les yeux vers Henry.

— Je suis désolé de t'avoir traitée d'idiote.

— Je n'avais pas l'intention de laisser tomber la lampe de poche.

Henry prit une bouchée.

— C'était déjà débile de l'utiliser...

— Je me suis excusée, grommela-t-elle. Tu aurais fait pareil si tu n'avais pas eu la frousse.

Henry sentit la colère monter et la réprima aussitôt.

— Et j'aurais été aussi débile que toi.

— C'est vrai, conclut Henrietta en croisant enfin son regard. Je suis désolée de m'être conduite comme une idiote.

— Je suis désolé de m'être emporté et de t'avoir traitée d'idiote.

— Tu devrais nettoyer le sang sur ta main, ce n'est pas très propre à table.

Henry haussa les épaules. Il ne s'était pas lavé pour deux raisons. Premièrement, parce que ça ne lui faisait pas mal et qu'il craignait que le contact de l'eau et du savon ne le brûle. Deuxièmement, parce qu'il avait l'impression d'avoir dix ans de plus chaque fois que ses yeux se posaient sur ses blessures.

— On pourra finir de repérer les portes après le déjeuner, déclara Henrietta.

— Non.

— Pourquoi ? J'ai dit que j'étais désolée.

— Je sais, simplement je ne veux pas qu'il nous arrive de malheur.

— Mais je n'ai pas encore vu le bureau de poste. Et le mont Badon ? Ce n'étaient pas des endroits dangereux...

Henry médita les paroles de Henrietta.

— D'accord, alors ce soir tu pourras venir dans ma chambre pour regarder la pièce jaune de Byzanthamum, mais pas avant. Et c'est moi qui commande. Tu devras m'obéir, même si tu n'es pas d'accord.

À son tour, Henrietta prit le temps de réfléchir.

— Entendu.

Henry prit une longue gorgée de lait et reposa bruyamment son verre sur la table.

— Et n'ouvre plus jamais la porte noire.

Henrietta demeura muette.

Chapitre neuf

Henry consacra le début de l'après-midi à étiqueter les portes vierges. Il savait que Henrietta aurait voulu monter, mais il savait aussi qu'elle n'avait pas eu envie de lui demander la permission. Quant à Henry, il n'était pas d'humeur à l'inviter. Elle viendrait cette nuit, ce serait bien assez tôt. Il ignorait où elle était et ce qu'elle faisait, et il s'en fichait. La clé de papi était dans sa poche, ce qui signifiait qu'elle n'était pas en train de s'attirer des ennuis. Elle devait être dans sa chambre à s'ennuyer en ruminant sa colère. Ou l'inverse.

De temps à autre, Henry frictionnait son poignet, qui était toujours glacial, ou suçait ses articulations. Son corps lui offrait une sensation étrange. Il n'avait jamais ressenti une poussée d'adrénaline comme celle de ce matin. Au bout d'un moment, il finit par se relever : il fallait qu'il sorte de cette pièce exiguë. Qu'il aille dehors, au soleil. Il cacha la clé de la boîte aux lettres, celle de papi, le journal, les deux lettres et la carte postale au milieu de ses chaussettes. Il envisagea d'informer Henrietta de sa destination, mais, après une brève hésitation sur le palier du premier, il poursuivit sa descente en silence. Elle devinerait sans difficulté où il se trouvait, si besoin était.

Il se rendit en ville, chez Zeke. Sa mère lui donna des instructions pour rejoindre Zeke et ses amis, qui jouaient au baseball. Henry prit part à la partie sans crainte. Le soleil réchauffait son dos et sa nuque, il n'avait plus de frissons.

Henry n'était ni le pire batteur, ni le pire receveur. Il était dans une équipe d'un niveau très moyen. La plupart étaient trop paresseux pour s'appliquer, et seuls certains s'évertuaient à faire les bons gestes, sur le marbre comme sur le terrain. Zeke était de ceux-là, mais il s'était depuis longtemps accommodé du laisser-aller général.

Henry parvint à se concentrer entièrement sur le match, ce qui pourrait paraître étonnant pour un garçon qui dormait à côté d'un mur magique. Le baseball était tout aussi magique pour lui qu'une montagne verte couverte de vieux arbres. De surcroît, cette magie-là, on pouvait la partager, on pouvait en rigoler.

Henry joua tant que sa tante et son oncle ne risquaient pas d'être rentrés à la maison et de s'inquiéter de son absence. Il fit ses adieux et emprunta les rues désertes et défoncées en direction de la maison des Willis. Il n'avait jamais parcouru une distance aussi grande à pied, et le sentiment de liberté que cette promenade lui procurait était aussi réjouissant que l'odeur et le goût du gant de cuir qu'il mordillait.

— Henry, attends-moi !

Zeke le rejoignit à petites foulées.

— Salut !

— Salut !

Zeke décrivit un mouvement circulaire avec sa batte, qu'il portait sur l'épaule gauche, et repoussa sa casquette en arrière.

— Merci d'être venu. Tu peux revenir quand tu veux, on joue quasiment tous les jours.

— J'aimerais beaucoup, mais je ne joue pas très bien...

Zeke haussa les épaules.

— Tu suis la balle. La plupart des types se dévissent la tête en vain. Et tu occupes bien le terrain.

Henry regarda ses pieds.

— Tu m'as éliminé à trois reprises.

Zeke éclata de rire.

— C'est parce que tu ne prends que les balles faciles et que tu te laisses impressionner par celles qui sont trop rapides. Ne t'embête pas avec les coups qui ne sont pas dans la zone, travaille ta vitesse de frappe et tout ira bien.

Il s'arrêta et repartit en arrière.

— À demain ? demanda-t-il.

— Bien sûr.

— Je passerai te prendre pour un petit entraînement avant le match.

Il frappa le sol du bout de sa batte et pivota en sifflant. Henry le regarda partir. Il n'était pas sûr d'avoir compris tous ses conseils, mais il savait que ça finirait par être le cas. Il poursuivit sa route et, quelques minutes plus tard, il s'engageait sur la route des Willis. La ville de Henry se trouvait sur sa droite, les champs s'étendaient sur des kilomètres à sa gauche et, huit cents mètres devant lui, se tenait la maison, surplombée par la grange. Les placards revinrent hanter son esprit.

Henrietta avait déjà placé le plat au four et mis le couvert. Elle sourit à Henry en le voyant arriver. Il lui rendit son sourire, mais ni l'un ni l'autre n'échangèrent un mot. Henry grimpa au premier pour s'asperger le visage. Alors qu'il observait les tourbillons d'eau poussiéreuse dans le lavabo, le grondement de la camionnette fit trembler le miroir. Une minute plus tard, Frank, Dotty et les filles ouvraient bruyamment la porte d'entrée. Henry descendit écouter le récit de leur journée.

Après le dîner, Henry monta dans sa chambre. Il s'étira, vérifia son tiroir à chaussettes. Il savait que Henrietta ne tarderait pas à monter pour observer le bureau de poste. Le chat dormait au pied du lit, de nouveau sec. Henry s'assit à côté de lui et joua avec sa queue tout en observant les multiples exemplaires de la même affiche. Il s'était habitué à l'homme qui recouvrait son mur. Il connaissait chaque centimètre de sa jambe et trouvait son genou bizarre. Il n'aimait pas son nez. Dans l'ensemble, il lui plaisait : il donnait parfaitement l'illusion qu'il n'y avait pas de portes derrière lui. Cet homme était beaucoup plus doué que Henry, dans ce domaine. Il poussa un soupir avant de retirer les affiches, de les rouler et de les ranger dans un coin. Il observa les portes et éprouva un léger malaise. Pourquoi laisserait-il Henrietta mettre le bazar dans quelque chose qui la dépassait ? Et pourquoi avait-il peur en permanence ? Il avait horreur d'avoir peur.

Un jour, Henry avait pris la fuite alors qu'une fille se faisait voler ses lunettes. Un autre, il avait refusé de courir autour du stade parce qu'il avait mal à la cheville. Il avait toujours rêvé de sauter d'une mezzanine, mais avait toujours emprunté l'échelle.

Il tira son lit aussi loin du mur que possible. La porte noire lui coulait un regard de biais. Sans réfléchir, Henry saisit la poignée métallique glaciale. Le battant coulissa et la petite chaîne attachée au fond racla le sol. À l'intérieur se trouvait son couteau, la lame soigneusement repliée. Il n'y avait rien d'autre – ni lampe de poche, ni chemise, ni périscope. Il voulut récupérer son couteau… qui était retenu par quelque chose. Il tâta tout autour et découvrit un fil si fin qu'il était à peine visible. Henry tira et entendit, de l'autre côté, le tintement étouffé d'une clochette. Sa gorge se serra de panique. Il donna une secousse plus forte et entendit la clochette résonner. Il tira cette fois de toutes ses forces et le fil se rompit.

Henry referma violemment la porte, ouvrit son couteau et s'assit sur son lit, le souffle court. Noiraud faisait le dos rond, la queue dressée. Il fixa la petite porte, puis Henry.

— Je sais. Je suis débile.

Quand bien même quelqu'un apprendrait qu'il avait récupéré son couteau, qu'est-ce que cela changeait ? Une clochette avait sonné de l'autre côté, et alors ? Il était en sécurité. Il se força à rester assis sur le lit et résista à l'envie d'appuyer ses deux pieds contre la petite porte. En attendant Henrietta, il s'allongea et éteignit la lumière. Il ne lâcha pas son couteau. Et il fut content de trouver Noiraud sous son autre main.

Rien ne se produisit. Rien du tout. Et quand on s'allonge dans le noir au terme d'une longue journée et que rien ne se passe, quand bien même on est terrorisé, on finit par s'endormir. C'est exactement ce qui arriva à Henry.

Le rêve commença, comme beaucoup, par un souvenir. Henry se trouvait dans la salle de bains. Il était beaucoup plus jeune, les serviettes étaient d'une couleur différente. Il était aussi plus petit. Il avait acculé Noiraud, qui l'observait, dos à la baignoire. Son pelage blanc était identique, et les taches grises étaient au même endroit ; simplement, il n'avait pas autant de bedaine. Henry l'avait ensuite jeté dans les toilettes, puis avait essayé de rabattre le couvercle sur la lunette. Il ne vit pas la suite, le rêve changea.

Ses pieds se frayaient un chemin à travers des herbes épaisses et humides. Le vent soufflait par bourrasques autour de lui. Les étoiles et une énorme lune orange surplombaient des arbres tout aussi énormes, qui se balançaient dans le vent. Devant lui surgit la grande pierre. Derrière lui se trouvait, il le savait, le vieil arbre au tronc fendu. L'espace d'un éclair, son esprit embrumé fut traversé d'une autre pensée – il était en train de dormir dans sa chambre. Puis il se mit à faire quelque chose de douloureux : creuser. Il ignorait où il avait dégoté la pelle, mais son pied nu exerçait une pression dessus pour l'enfoncer dans la terre meuble et moussue autour de la pierre. Dans l'herbe, sur le côté, le grand chien noir dormait.

Il ne creusa pas longtemps. Lorsqu'il eut créé un petit trou, il se débarrassa de la pelle et se mit à quatre pattes. Il plongea la tête dans le trou et aperçut sa chambre ; sa tête ressortait par l'une des portes sur le haut du mur, il n'aurait su dire laquelle avec précision. La pièce était plongée dans l'obscurité, mais il percevait un bruit de respiration. Même dans son rêve, Henry se sentait mal. Quelque chose de froid lui rongeait les entrailles. La porte noire était ouverte, un malheur terrible allait advenir. Il dormait dans son lit et un drame était sur le point de se produire. Il tenta de crier, de passer par l'ouverture pour se réveiller lui-même, mais ses épaules le bloquaient. Quelque chose de doux lui caressa le visage. Il voulut hurler.

— Chut.

La voix était apaisante, sauf que ce n'était pas vraiment une voix. C'était plutôt une pensée. Quelqu'un lui parlait dans sa tête : « Tu es fort, mais tu rêves et tu es devenu impuissant. Tu as oublié ton corps et je peux t'empêcher de le rejoindre. Tu assisteras à ta propre mort. »

Henry se tendit, son esprit chassa la voix. Il ouvrit les yeux : il était allongé sur le dos dans son lit, haletant, la gorge serrée. Il allait vomir. Il y eut soudain de la lumière, un rai, très mince, en provenance de la boîte aux lettres, projeté sur le mur d'en face. Quelque chose de doux lui caressa la joue. Il se figea, tourna seulement la tête. La queue du chat se dressait devant lui et rebondissait de chaque côté de son visage. Il était assis sur sa poitrine, et Henry se pencha pour voir ce qu'il regardait. À côté de la boîte aux lettres, sur les cuisses de Henry, se trouvait quelque chose. Quelque chose de sombre. Maintenant qu'il l'apercevait, Henry sentait son poids sur ses jambes. Il s'exhorta à ne pas paniquer. Il reposa la tête sur l'oreiller et alluma la lampe. Le chat sur sa poitrine demeura immobile. Henry pencha de nouveau la tête : face à Noiraud se tenait un autre chat. Il était très maigre. Son pelage, là où il y en avait, était noir. Les épaules et la poitrine présentaient de larges zones à vif, rouges et purulentes.

Les pupilles du chat noir passèrent de Noiraud à Henry. Lorsqu'il bougea la tête, Henry découvrit qu'une petite ficelle était fixée autour de son cou. Elle provenait du mur. Henry ne voyait pas d'où exactement, mais il le savait. Il avait compris quel placard était ouvert – son estomac et sa gorge le lui apprenaient – et d'où venait le chat.

Noiraud se raidit alors que le chat noir se redressait. Il gronda comme un tigre. Henry n'avait aucune envie d'accueillir un combat de chats sur sa poitrine. Mais il n'avait pas non plus envie de chasser Noiraud. Et il était dans l'incapacité de donner un coup de pied au chat noir. Où était son couteau ? Il avait dû le laisser tomber…

Le chat noir s'avança. Henry se redressa instinctivement en plaquant Noiraud contre sa poitrine de son bras droit et frappa l'autre de son bras gauche. Celui-ci poussa un cri de douleur et fut projeté contre la porte de la chambre. La ficelle se tendit, et le chat noir fit un bond. Il heurta le bord du lit et planta ses griffes dans la couverture pour opposer une résistance à la traction de la ficelle qui l'étranglait. La pauvre bête paniquée finit par céder et par glisser à terre. Henry fit un bond, il tenait toujours Noiraud serré dans ses bras. Il vit le chat pelé disparaître en feulant et en crachant dans le trou ténébreux. Henry resta figé un instant avant de lâcher Noiraud pour refermer la porte noire. Il la claqua de toutes ses forces, puis poussa le lit contre le mur.

Henry observa Noiraud, avec son pelage blanc taché de gris et sa nonchalance, qui faisait sa toilette à la tête du lit. Il jeta un regard à Henry, puis se roula en boule sur son oreiller et ferma les yeux.

Chapitre dix

Henry entendit des bruits de pas dans l'escalier quelques secondes avant que la porte à double battant ne s'ouvre en grand. Henrietta avait les yeux écarquillés, et elle souriait. Elle criait autant qu'on le peut en chuchotant.

— Henry, j'ai trouvé ! Je sais comment ouvrir les portes ! Oh, Noiraud est ici… Je ne savais pas que tu l'aimais bien.

Il ouvrit la bouche, mais elle ne lui laissa pas le temps d'en placer une.

— J'ai tout compris ! s'écria-t-elle en bondissant. En tout cas, j'ai trouvé quelque chose. J'en saurai davantage quand j'aurai tout lu.

— Tu parles du journal de papi ? demanda Henry.

— Non, j'en ai découvert un autre. Il était sous son oreiller.

— Quoi ? Tu es retournée dans sa chambre ? Comment ?

— Avec la clé, naturellement, répondit Henrietta en souriant. Quand je suis montée, tu dormais. Il n'y avait pas de lumière dans la boîte aux lettres, alors j'ai pris la clé et le journal.

— Comment ça ? Mais pourquoi as-tu fait une chose pareille ?

— Eh bien, j'étais sûre que tu ne me l'aurais jamais permis si tu avais été réveillé, répondit-elle en éclatant de rire. Ce n'est pas comme si tu les avais bien cachés. Ils étaient dans ton tiroir à chaussettes. C'est le premier endroit qu'Anastasia fouille. C'est la plus nulle des cachettes.

— Henrietta...

— Écoute-moi.

Henry se leva et posa un doigt sur ses lèvres.

— Tu as raison, chuchota-t-elle, mais écoute. Le journal explique que cinq des placards ne ferment pas. Nous en avons ouvert trois, et l'un était verrouillé, il en reste donc encore trois. Et le journal parle de passer de l'autre côté.

Elle lui indiqua une longue liste.

— Tu vois ? Ça a un rapport avec les serrures à combinaison. Chaque porte correspond à une combinaison : on l'entre à l'aide des deux boutons, ce qui ouvre un passage.

— Mais ça ne fait pas rétrécir.

— Bien sûr que non ! dit-elle en riant. Ce doit être l'ouverture qui s'agrandit. Essayons d'abord les trois autres portes... Oh ! il y a de la lumière dans la boîte aux lettres, ajouta-t-elle en le dévisageant. Tu as encore regardé à l'intérieur ?

— Non. Henrietta, écoute-moi une seconde.

Henry prit une profonde inspiration et lui raconta ce qui était arrivé avec le chat malade. Elle pencha la tête.

— Tu es bien certain que tu étais réveillé ?

— Oui. J'ai rêvé, mais quand je me suis réveillé, les deux chats étaient assis sur moi.

— C'est très chic de la part de Noiraud. Tu sais bien qu'il ne t'apprécie pas du tout... On peut donc ouvrir les portes de l'autre côté... Comment ?

— Eh bien, la noire coulisse, elle n'a même pas de loquet. Je l'ai bloquée avec le lit.

— Comment sais-tu que le chat était malade ?

— Il avait la pelade, de grandes plaies purulentes.

— Beurk ! C'est dégoûtant, Henry.

— Oui. Je pense qu'il voulait atteindre mon visage, mais je n'en suis pas sûr.

— Ça suffit, tais-toi. Laisse le lit contre elle, et ne l'ouvre plus.

— Comment ça, ne l'ouvre plus ? demanda-t-il en sentant ses oreilles chauffer. C'est toi qui voulais l'ouvrir !

— Tu veux dire qu'elle s'est ouverte toute seule ? Que tu n'as rien fait ?

— Eh bien... si. J'ai trouvé mon couteau. Je l'ai sorti, et puis j'ai refermé.

Il omit volontairement d'évoquer la ficelle et la clochette.

— J'avais raison ! Quelqu'un a placé ton couteau là pour voir si tu rouvrirais la porte. Alors, ne recommence plus. Et maintenant, occupons-nous d'identifier ces trois portes.

Henry s'affala sur son lit en faisant son possible pour contenir son irritation.

— Tu ne voulais pas regarder le bureau de poste d'abord ?

Henrietta observa longuement la pièce jaune, mais le pantalon ne passa qu'une fois.

— C'est chouette, mais cherchons les autres portes, maintenant. Elles ont les numéros 24, 49 et 3, dit-elle en regardant les étiquettes qu'elle avait scotchées. Regarde, la 24 et la 49 sont juste là, à côté l'une de l'autre, mais la 3 est à l'autre bout. Je me demande bien pourquoi elles sont toutes dans le désordre.

Henry examinait déjà la porte 24. Elle s'appelait *Passage* et était d'un bois grossier, sombre. Il n'y avait ni loquet ni serrure.

— Le journal explique comment l'ouvrir ?

— Donne un coup, pour voir.

Henry abattit son poing serré sur le battant. En vain. Il fit courir ses doigts sur les bords et découvrit de petites charnières sur le côté droit. Au sommet, ses doigts rencontrèrent une minuscule entaille, remplie de fines particules de plâtre. Il la gratta avec ses ongles, puis tira.

La porte s'ouvrit avec un bruit sec et un nuage de poussière. Le petit placard semblait vide, mais on n'en distinguait pas le fond, qui se perdait dans l'obscurité.

— Il n'y a rien, déclara Henry.

— Tu as tâté l'intérieur ?

Henry faillit se montrer très grossier, mais il se retint et fourra sa main dans le placard.

— Il y a un fond, conclut-il. Il ne mène nulle part.

— Pousse, conseilla Henrietta en se penchant vers lui.

— Tu me souffles dessus.

— Et alors ?

— Ça pue.

— Et alors ?

Il appuya de toutes ses forces contre la paroi. Croyant la sentir bouger, il s'arc-bouta et réitéra son geste avec davantage d'énergie. Le lit glissait progressivement en s'écartant du mur.

Soudain le fond céda, et le visage de Henry vint s'écraser contre le mur. Ses doigts se refermèrent sur des cheveux. La tête à laquelle ils appartenaient se débattit en hurlant, Henry la lâcha donc et s'assit sur son lit. Henrietta tremblait de tous ses membres.

— Henry ! Ferme ! Vite !

Il s'exécuta.

— Non, l'autre, là. Quelque chose vient de m'attraper.

Henry examina le mur. Deux portes étaient ouvertes. La 24, par laquelle il venait de passer le bras, et la 49, qui se trouvait juste au-dessus, sur la droite.

— Saperlipopette ! dit-il en éclatant de rire.

— Qu'est-ce qu'il y a de drôle ? Ferme !

Henrietta se leva pour le faire. Henry glissa son bras par

la porte 24, il ressortit par la 49 et sa main rencontra le visage de Henrietta. Elle étouffa un cri et claqua le battant. Henry émit un petit jappement, puis s'affala sur le lit en soufflant sur ses articulations et en riant. Les poings sur les hanches, Henrietta le toisait.

— Qu'est-ce qui t'amuse ?

Henry répondit par un éclat de rire étouffé.

— C'était ta main ? demanda-t-elle. Si c'est le cas, ce n'est pas drôle.

— Oui, répondit-il en se redressant et en souriant. Et c'était drôle. Tu aurais dû voir ta tête.

— J'espère que je t'ai fait mal à la main.

— Pas tant que ça.

Henrietta se tourna vers le mur.

— Comment ça marche ?

— Les deux placards doivent être reliés. Tout ce qui entre par l'un ressort par l'autre.

Il bondit sur ses pieds et, tout en s'efforçant de retrouver son sérieux, il enfonça aussi loin que possible son bras gauche, qui apparut dans l'autre placard. Il tâta son propre visage, puis il tendit ses doigts vers elle en écarquillant les yeux.

— Attention...

— Arrête.

— Attention ! répéta-t-il en remuant les doigts.

— Arrête ! dit-elle en leur donnant une tape. C'est vraiment bizarre.

Elle souriait maintenant.

— Essayons avec Noiraud, proposa Henry.

— Ne sois pas méchant avec lui.

— Ce n'est pas méchant. Ce sera drôle. Viens là, Noiraud..., lança Henry en sautant du lit. Ça te dirait de faire un tour de magie ?

Il présenta le chat devant le premier placard.

— Ne le force pas.

Noiraud s'en contrefichait. Il pénétra dans le placard, et sa tête surgit presque aussitôt par l'ouverture au-dessus alors que sa queue ondulait toujours en dessous. Il était si à son aise dans cet endroit qu'il s'allongea et lécha sa patte avant.

— Ça lui plaît.

— Évidemment, c'est tordant, rétorqua Henry. Où est l'autre porte ? C'était la 2 ?

— La 3. Complètement à l'opposé, dans l'angle.

Ils abandonnèrent Noiraud à son sort de chat coupé en deux. L'étiquette indiquait *Mistra*. Elle était plus petite que la plupart des autres portes, et plus sombre. Elle n'était pas noire, mais crasseuse. Henry s'interrogeait encore sur le moyen de la nettoyer lorsque Henrietta cracha dessus. Elle ramassa un des tee-shirts sales de Henry et se mit à frotter.

— Tu devrais descendre ton linge, sinon maman finira par monter le chercher.

— C'est ce que je fais.

— Oh, regarde !

Henry avait déjà les yeux rivés sur la porte. Des incrustations argentées formaient aux quatre coins des volutes qui se rejoignaient au centre, comme des branches. Et au milieu se trouvait un cercle de la taille d'une pièce de 50 cents.

— Tu as ton couteau ? Tu l'as bien récupéré ?

— Oui.

— Où est-il ?

— Pourquoi ?

— J'en ai besoin.

— Pour quoi faire ?

— Passe-le-moi, c'est tout.

— Très bien.

Elle introduisit la lame sous le cercle métallique, qui saillit. En dessous se cachait un anneau. Elle l'attrapa avec son index et tira.

— C'est un tiroir !

Henrietta le sortit entièrement de son logement, le posa par terre, puis regarda à l'intérieur de la cavité. Comme il faisait trop sombre, elle tendit un bras. Ses yeux se plissèrent.

— Qu'y a-t-il ?

— Je crois qu'il y fait plus chaud. Je ne sens rien d'autre.

— Et le tiroir ?

Ils examinèrent son contenu ensemble. Il y avait un vieux chiffon en loques, des crottes de souris en décomposition, des petits os, des lambeaux gris de ce qui avait autrefois dû être de la peau, deux scarabées morts et une mouche.

— C'est un peu ennuyeux, dit-elle. Qu'est-ce qu'on fait maintenant ?

— On se couche ?

— Non, il faut d'abord essayer les serrures à combinaison.

Henrietta se redressa et actionna un bouton avant de se mettre en quête du journal qu'elle venait de découvrir.

— Tu l'as mis avec l'autre ?

— Non, c'est toi qui l'avais.

— Je le sais bien. Mais l'as-tu pris ?

— Pourquoi aurais-je fait une chose pareille ?

— Aucune idée. Alors, tu l'as pris ?

— Non.

Ils entendirent un bruit sourd à l'étage du dessous et se figèrent.

— Oh non, murmura Henrietta.

— Qu'y a-t-il ?

— Je crois que papa est réveillé.

— Il a peut-être simplement besoin d'aller aux toilettes.

Henrietta sourit nerveusement.

— Mais j'ai laissé la porte de papi ouverte…

— Quoi ?

— Et la lumière allumée.

— Pourquoi ?

— J'étais impatiente de te montrer le journal, alors je suis montée aussi sec.

— Dépêche-toi d'aller éteindre la lumière et de fermer la porte. Et si ton père t'attrape, dis-lui la vérité.

Henrietta détala sur la pointe des pieds. Henry l'écouta descendre les marches, puis guetta la voix de Frank. Il y eut un nouveau bruit sourd, Noiraud fila à son tour. Henry se leva et se concentra sur les serrures à combinaison. Il joua avec en essayant d'embrasser toutes les portes d'un seul regard pour voir si quelque chose se produisait.

Rien. Les portes demeuraient muettes. Le silence régnait aussi en dessous. Aucun craquement, aucune voix, aucun bruit. Aucune Henrietta. Henry attendit. Il attendit jusqu'à avoir la certitude que cela durait depuis trop longtemps. Alors il s'inquiéta.

Il descendit le plus discrètement possible. Au pied de l'escalier, il tendit l'oreille mais n'entendit rien. Il s'avança sur le palier. Noiraud avait disparu, la porte de papi était ouverte et la lumière allumée. Henry progressa doucement, dépassant la chambre de ses cousines, celle de tante Dotty et oncle Frank, puis la salle de bains. Il enjamba le trou dans le plancher.

La porte de papi était entrouverte, il n'apercevait donc qu'un bout de la pièce. Il la poussa, centimètre par centimètre. Personne. Quelques livres étaient tombés : ça pouvait expliquer les bruits sourds. Ce n'est qu'en pénétrant dans la pièce que Henry découvrit ce qui s'était passé.

Un placard, au bas du mur, à côté des étagères, était

ouvert. Il n'était pas grand, mais suffisamment pour laisser passer une personne. La lumière de la chambre ne réussissait pas à en éclairer l'intérieur. Par terre, devant lui, se trouvaient une chaussure et une paire de lunettes. Elles n'appartenaient pas à Henrietta.

Henry comprit soudain comment quelqu'un avait pu vivre dans la maison en toute discrétion. Il comprit aussi ce qu'il lui restait à faire. Aller réveiller oncle Frank pour lui remettre les deux journaux et les clés, lui raconter toute l'histoire et s'excuser.

Au lieu de quoi, il se mit à quatre pattes, prit une profonde inspiration et pénétra dans le placard.

Chapitre onze

Henry avait fermé les yeux. Il s'attendait en les rouvrant à découvrir un autre monde, mais il heurta le fond du placard. Il ressortit et s'assit par terre ; il était perplexe.

Il était dans la chambre de papi, au beau milieu de la nuit, et Henrietta avait disparu. Il étudia la chaussure et les lunettes cassées, qui avaient une monture dorée. Quinze jours auparavant, ce n'est pas le même Henry qui se serait retrouvé là. Aujourd'hui, il n'envisageait même pas que Henrietta pût être en bas, dans la cuisine, ou dans la salle de bains. Il savait qu'elle était passée de l'autre côté, et il soupçonnait que quelqu'un d'autre l'avait accompagnée. Ou enlevée.

Henry était inquiet, et son cœur tambourinait si fort dans sa poitrine qu'on aurait dit qu'il voulait s'envoler. Il s'inquiétait de ne pas réussir à découvrir comment suivre Henrietta, et comment la ramener, avant le réveil de ses parents. Il se remit à quatre pattes pour explorer l'intérieur du placard. Il n'y découvrit qu'une étrange odeur et des parois résistantes. Henry entreprit de sortir plusieurs livres des étagères dans l'espoir que l'un d'entre eux déclencherait un mécanisme qui ouvrirait le fond du placard. En vain. Il appuya sur tous les morceaux de bois saillants, mais il ne se passa rien non plus.

Henry n'avait aucune envie de quitter cette chambre, mais il devait trouver le deuxième journal. Il secoua ses draps, souleva les affiches et enfin se mit par terre pour regarder sous son lit. Il était là, ouvert face contre terre, certaines de ses pages cornées. Il le prit et redescendit s'asseoir à côté du placard. Ses yeux se débattirent avec l'écriture pour commencer, mais finirent par s'habituer après plusieurs lignes.

A Frank et Dorothy,

J'écrirai dans ce journal tout mon savoir au sujet des placards. Je ne répéterai pas ici les informations contenues dans l'autre pour gagner du temps. J'aimerais avoir fini avant de mourir, or rien n'est moins sûr. Les médecins voudraient m'enterrer et mon corps semble de leur avis, qui tombe déjà en poussière. J'ai l'intention de me montrer ici aussi honnête que j'ai été dissimulateur toute ma vie, même si cette sincérité risque bien d'entacher ma mémoire.

Ces placards ont été construits par mon père, qui les considérait comme l'œuvre de sa vie. J'ai, en fouillant dans ses papiers, réussi à retracer l'histoire de chacun d'entre eux et à comprendre pourquoi il avait choisi cet emplacement pour sa maison. Leurs rôles sont très divers, ils varient en fonction du bois, de leur origine, etc. Certains laissent passer la lumière, d'autres le bruit, d'autres enfin sont aussi sombres et silencieux que des tombes.

La maison a été conçue d'après les résultats de ses recherches, et, pour de nombreuses raisons, ces fameux placards en constituent le point d'orgue. Il n'a découvert certains détails que bien plus tard, et il les aurait d'ailleurs modifiés (comme l'emplacement de la première entrée – il n'a jamais réussi à la placer sur le même mur que les autres portes, ni même au grenier) s'il avait eu l'énergie nécessaire pour entreprendre la construction d'une deuxième maison. J'ai, pour ma part, restructuré la maison dans la mesure de mes moyens et ouvert la dernière des portes.

Je vais maintenant tenter d'expliquer comment fonctionnent les choses en l'état. Si je le fais, ce n'est pas pour vous inviter à les utiliser, mais parce que mon père a couru de grands dangers au cours de ses études, de ses expérimentations et de ses explorations – il a d'ailleurs été blessé à de nombreuses reprises. Il m'a confié le soin de poursuivre son entreprise, et j'ai été en mesure d'éviter bien des périls grâce à la lecture attentive de ses notes. Bien que je ne vous recommande guère de vous lancer à votre tour dans cette exploration, je ne puis vous le déconseiller sans une forme d'hypocrisie, ce qui vous surprendra sans doute tant ce défaut me fut naturel de mon vivant. Je sais pertinemment que ces portes ne peuvent pas rester cachées à tout jamais, et je ne peux m'attendre à ce que vous les ayez oubliées, car vos souvenirs d'enfance sont imprimés sur les pages de votre mémoire. Vous retrouverez les portes de ces placards, et vous ressentirez le besoin de les explorer. J'écris donc ceci pour que vous évitiez, autant qu'il est possible dans pareille entreprise, des dangers inutiles, et en particulier de répéter les erreurs commises par mon père et moi-même.

Henry tourna la page, survola la suivante, puis, dans un mouvement d'impatience, feuilleta le journal. Il reprit sa lecture quelque part, au milieu.

Je ne suis pas en mesure d'apporter d'explication à ce phénomène. Bien qu'il fût avant tout un mathématicien, mon père ne parvint jamais à trouver une formule stable quant à l'écoulement du temps derrière ces portes, ni à le mettre en corrélation avec l'écoulement du temps ici. Ses notes sont remplies de réflexions à ce sujet. Il avait découvert que le temps s'égrenait différemment dans chaque placard. Cela suffit à expliquer, en grande partie, sa maladie ; c'est en tout cas ce dont il était persuadé. Pour ma part, ayant privilégié rapidement un des passages, je n'ai pas été soumis aux mêmes perturbations temporelles que lui. Et, bien entendu, dès mon deuxième voyage, je me suis muni d'une corde, que j'ai par la suite toujours fixée à mon lit. Il n'est pas utile qu'elle soit dotée de pouvoirs magiques, mais la mienne a été tressée « ailleurs » et elle apporte un soutien à l'esprit du voyageur affaibli.

Henry se leva et s'approcha du lit. À côté, il découvrit une longue corde marron en tas, dont l'extrémité était attachée à un des pieds. Il s'assit sur le lit, feuilleta le journal jusqu'aux dernières pages et tomba sur celle que Henrietta lui avait montrée : la liste des portes et des combinaisons correspondant à chacune d'entre elles. Il repartit deux pages en arrière.

Il va de soi que nombre de combinaisons ne mènent nulle part. Il faudrait, pour qu'elles se révèlent utiles, inventer d'autres placards. Lorsque les deux boutons forment une de ces combinaisons, le fond du grand placard est aussi inamovible que n'importe quel placard. Rien ne peut passer au travers, car il n'ouvre pas sur un autre espace-temps. L'avantage de ceci, je l'ai rapidement appris, est que rien ne peut circuler dans l'autre sens. Je ne risquais donc pas de me retrouver à partager ma chambre avec un cochon sacré, comme cela s'était produit à deux reprises. Ainsi, je veillais à ne jamais me coucher sans que les boutons soient réglés sur une combinaison qui n'ouvre rien et sans que le fond de mon placard soit solidement fixé. Ceci, naturellement, n'empêche pas le passage d'êtres ou d'objets par les placards du grenier, mais ils doivent être tout petits et suffisamment forts pour ouvrir les portes depuis l'intérieur (le cas le plus intéressant en la matière fut l'arrivée de ce garçon, Henry).

Henry s'éclaircit la gorge et relut la dernière ligne. La mention entre parenthèses de son nom le laissait songeur. Il parcourut la suite en diagonale dans l'espoir de trouver une forme d'explication.

J'ai recopié les combinaisons des différentes portes dans les pages suivantes. Lorsque l'une d'elles est entrée, le fond du grand placard disparaît. En réalité, il est toujours là, de même que le mur dans lequel il est encastré, mais entre le fond du placard et le mur se trouve alors le passage vers un autre monde.

Henry était immobile. Les questions qui se précipitaient dans son esprit n'avaient pas de réponse. Il avait découvert le mécanisme des portes et des placards ; il ignorait leur fonctionnement ou leur raison d'être, mais il était persuadé qu'il finirait par comprendre.

Il était très tard. Il avait envie de lire les deux journaux de A à Z, d'apprendre qui il était exactement et d'où il venait. Mais Henrietta avait disparu, il n'avait pas le temps.

Henry savait ce qu'il devait faire : deviner par quelle porte Henrietta était passée, puis se faufiler à sa suite dans le grand placard. Il se retrouverait peut-être chez lui. Ou alors dans un endroit pire qu'Endor.

Il décida de remonter. Il ne ferma pas la porte derrière lui, parce que Henrietta avait toujours la clé. Il n'éteignit pas la lumière, parce qu'il ne voulait pas revenir dans le noir. De retour dans le grenier, il s'assit sur son lit et observa les deux gros boutons entourés de symboles et de chiffres. S'il avait bien compris ce qu'il avait lu dans le journal, la combinaison qu'il entrerait déterminerait l'endroit où il atterrirait en passant par le grand placard. Henrietta jouait avec un des boutons lorsqu'un bruit les avait surpris. Elle avait dû permettre à quelque chose ou à quelqu'un d'entrer.

Et quand elle était descendue pour éteindre la lumière et fermer la porte, elle avait dû être attirée dans le placard. Puis Henry avait tourné les boutons en attendant son retour, ce qui avait refermé le passage.

Il sentit sa mâchoire se crisper. Ses yeux s'humectèrent, puis se fermèrent complètement lorsqu'il émit un long bâillement. Il n'était pas fatigué. Et il ne s'ennuyait certainement pas. Non, il était nerveux, plus nerveux qu'il ne l'avait jamais été. Il émit un nouveau bâillement. Il respira profondément à plusieurs reprises, mais c'était insuffisant, les bâillements continuaient, ses mains étaient glaciales. Un frisson lui parcourut l'échine. Au moins, il ne vomissait pas. Pas encore.

Il se redressa pour observer les deux boutons, en priant pour que la combinaison du passage que Henrietta avait emprunté ne soit pas trop éloignée de celle qu'ils indiquaient. Il étudia les symboles étranges avant de se reporter au journal. Il trouva une combinaison qui pouvait convenir. Il chercha le numéro de la porte sur son mur : elle était d'un bois brun commun. Son étiquette indiquait *Tempore*. Avant d'entrer la combinaison, Henry s'assura qu'il avait bien son couteau. Il sortit son sac à dos de sous son lit et y glissa les deux journaux. Il fit pivoter les deux boutons.

Dans la chambre de papi, il se saisit de l'extrémité de la corde qui n'était pas fixée au pied du lit, puis éteignit la lumière. Il resta un moment dans l'obscurité, le temps que ses yeux s'y accoutument. Il s'agenouilla devant la petite ouverture, le couteau dans une main, la corde dans l'autre. Avec son sac à dos, il avait un peu de mal à passer, mais il se mit à plat ventre et rampa.

Un tic-tac résonna soudain à ses oreilles. Une odeur de feu de bois emplissait ses narines. Henry continua sa progression, et le bruit s'intensifia. Il distinguait une pièce maintenant : un feu de cheminée se reflétait dans un objet devant lui.

Il était derrière une vitre.

Henry exerça une pression sur elle et sentit qu'elle se déformait légèrement. Il tenta de se retourner, mais il était dans un espace trop étroit pour faire un tel mouvement. Il se contenta donc de pousser la tête vers le haut. Le sommet du placard avait disparu. Il appuya le front contre la vitre et s'efforça de ramener ses jambes vers lui. Il put ainsi remonter la tête, ce qui lui permit de retrouver progressivement une position verticale. Le tic-tac était assourdissant maintenant, mais il n'y prêtait que peu d'attention. Sa tête heurta un objet lourd. Un autre objet effleura l'arrière de son crâne. Il tenta de retrouver sa position initiale, mais ne réussit qu'à se cogner de nouveau. Au bruit de balancier s'ajouta soudain celui d'une sonnerie.

« Je suis dans une horloge », pensa Henry.

Il y avait un garçon dans la pièce. Henry se figea. Il marchait droit sur lui.

— Que fais-tu ? demanda-t-il.

— Euh…

— Pourquoi es-tu dans l'horloge ?

— Je suis coincé, grogna Henry.

— Mais comment es-tu arrivé là ? Comment es-tu entré ?

— Je l'ignore.

Henry entendit un clic, la vitre contre laquelle il était comprimé céda et il tomba en avant. Il se hissa sur les coudes et rampa sur le sol. En relevant les yeux, il découvrit un garçon maigre au visage pâle. Il remarqua d'abord qu'il avait une grande bouche, puis que son pantalon remontait très haut, sous ses côtes. Les jambes lui arrivaient à mi-mollet.

— Ils laissent toujours la clé sur la serrure, l'informa-t-il. Autrement, tu serais resté enfermé. Comment es-tu arrivé ici ?

Henry examina l'horloge. C'était une grande comtoise. Le balancier avait déjà oublié qu'il avait heurté la tête de Henry et oscillait imperturbablement.

— Je viens de l'autre côté, informa-t-il son interlocuteur.

— D'une pièce secrète ?

— Non… C'est impossible à expliquer.

— Tu as emprunté un tunnel ?

— Non… Le fond de l'horloge permet de passer dans un autre endroit.

— C'est de la magie ?

Henry n'écoutait pas, il étudiait la pièce. La cheminée était large, avec un manteau de pierre lisse. Un énorme canapé bas ainsi que des fauteuils assortis étaient placés devant. Un des murs devait abriter une baie vitrée, mais elle était dissimulée par de lourds rideaux violets.

— C'est la nuit ? demanda Henry en s'asseyant.

— Non, mais c'est l'hiver.

— Comment ça ?

— Je ne suis pas autorisé à ouvrir les rideaux. Ils sont censés garder la chaleur. J'ai passé toute la journée ici. On ne me laisse pas sortir.

— Qui ça ?

— Annabee, surtout. C'est elle qui m'apporte mes repas. La plupart du temps. Je la mettrai à la porte quand je serai grand.

— Est-ce qu'une fille est arrivée par là ? demanda Henry, qui se doutait de la réponse.

— Par l'horloge ?

— Oui.

— Aujourd'hui ?

— Oui ?

— Ça n'aurait rien changé si tu avais dit hier. À ma connaissance, tu es le premier à être jamais entré par là.

Henry fit claquer sa langue.

— Je parie que mon grand-père a utilisé ce passage avant moi.

— Il était magicien ?

— Non. J'ignore ce qu'il était. Dans son journal, il appelle cet endroit Tempore.

— On dit Hutchins, nous.

— Je dois partir, pour retrouver ma cousine. Je ne sais pas où elle est allée.

— Est-ce qu'elle pourrait arriver par l'horloge ?

— Ça m'étonnerait. De toute façon, je dois partir, lança-t-il en se dirigeant vers l'horloge.

— Comment t'appelles-tu ? lui demanda le garçon.

— Henry, répondit-il sans se retourner.

— Moi, c'est Richard. Et ton nom de famille ?

— York, dit-il après quelques secondes de réflexion.

— Henry York ? Tu es le fils de l'amiral ?

— Non. Je ne sais pas qui est mon père.

— Ah… Le mien est mort, c'est pour cette raison que les autres sont obligés de s'occuper de moi.

— Je suis désolé.

— Ma mère s'est enfuie, poursuivit le garçon en s'approchant à son tour de l'horloge et en l'examinant. Mon nom de famille est Leeds, mais je vais en changer.

— Je m'excuse, je dois vraiment y aller.

— Bien sûr.

Henry se remit à quatre pattes, se faufila dans l'horloge… et heurta une paroi. Il s'assit et prit une profonde inspiration, puis ferma les yeux et remonta le long de la corde avec sa main gauche. Richard crut voir Henry traverser le bois. Ses épaules disparurent en premier, puis ses jambes et ses pieds suivirent.

Il monta en courant l'escalier, sans se soucier d'éviter les planches qui craquaient. Il tira le journal de son sac à dos et s'installa sur son lit, face aux boutons.

— Sois plus rapide, cette fois, murmura-t-il en l'ouvrant à la dernière page.

Il parcourut la liste des combinaisons. Celle qui s'approchait le plus de la position des boutons renvoyait à une petite porte, d'un bois plus sombre que celle de Tempore. Son étiquette, écrite par Henrietta, disait *Carnassus*. Henry régla les boutons, puis redescendit dans la chambre de papi avec son sac à dos et son couteau. Il prit soin de ne pas refermer complètement la porte derrière lui, il ne tenait pas à être enfermé.

— Tu as pris la clé avec toi, n'est-ce pas, Henrietta ? Après l'avoir volée dans mon tiroir, puisque les tiroirs à chaussettes appartiennent à tout le monde...

Henry s'efforçait de chasser la vague de panique qui le submergeait, et il espérait que la colère l'y aiderait. Tout aussi nerveux que la première fois, il agrippa l'extrémité de la corde et se faufila dans le placard sans remarquer que la porte qu'il avait pourtant pris soin de tirer derrière lui s'était ouverte. N'ayant aucune idée de l'endroit où il allait déboucher, il avança prudemment. Il sentit d'abord des dalles de pierre, froides sous ses paumes. Des murs de pierre se dressaient de chaque côté. Une arcade de bois les reliait et retenait un lourd rideau noir. Henry se redressa sur les genoux. La pièce n'était pas plus grande qu'un réduit. Les murs étaient distants d'à peine plus d'un mètre, le rideau tombait à près de deux mètres du fond. La lumière perçait au-dessus et en dessous du tissu. C'était une lueur froide, blanche, mais suffisamment puissante. Le rideau dégoulinait de chaque côté en une cascade de plis. Henry en souleva un coin.

Il vit la lune. Sa grande face blanche remplissait une

fenêtre haut perchée sur le mur. Henry ignorait que cette fenêtre, qui s'apparentait d'ailleurs davantage à un puits de lumière, avait été construite pour permettre à la lune d'éclairer – un jour par an, très exactement au milieu de la nuit – le rideau sombre qui se trouvait devant lui. Il tira davantage sur le tissu et examina la pièce. Un énorme gong résonna, Henry le sentit vibrer jusque dans ses os. Quelque chose le percuta dans le dos. Il fit un bond, s'emmêla les pieds et tomba sur le rideau. Dans sa chute, il lâcha son couteau.

— Ce passage est fermé depuis des années...

Les échos du gong s'évanouissaient lentement. Henry ne pipa mot, il ne se releva pas. Il cherchait des yeux la personne qui avait parlé, tandis que ses mains se mettaient en quête de son couteau.

— Décline ton identité.

Henry ne répondit toujours pas. Sa main se referma sur le manche du couteau. Se tournant dans la direction de la voix, il se releva enfin. Il serrait son arme de toutes ses forces.

— Décline ton identité.

Cette fois-ci, Henry dit :

— Je ne peux pas.

Son interlocuteur éclata de rire et grommela des paroles que Henry ne comprit pas, mais qui lui donnèrent des frissons.

Soudain, les murs s'éveillèrent sous la lumière des torches. Henry cligna des paupières. Il était dans une pièce ovale. À une extrémité, des marches menaient à un couloir. À l'autre se tenait une estrade en marbre noir de forme carrée. Un fauteuil cubique avec des accoudoirs mais sans dossier y trônait. Un large morceau de tissu était posé en tas dessus. Tout le long des murs, à intervalles réguliers, se trouvaient des arcades occultées par des rideaux noirs comme celui que Henry avait tiré. Entre elles, des guéridons qui auraient dû accueillir des fougères en plastique supportaient des coupes de feu.

— Si tu veux jouer sur les mots... Comment les autres t'appellent-ils ?

— York.

— Ici, on ne ment pas.

Le tas de tissu s'anima : il s'allongea et grandit, avant de se pencher en avant. Un vieil homme drapé de noir dévisageait Henry. Une longue barbe blanche ornait la pointe de son menton, et on devinait un cou épais derrière. Ses cheveux étaient plaqués contre son crâne. Si l'on exceptait sa tête, l'homme était petit. Ses yeux étaient rivés sur ceux de Henry.

— Tu ne t'appelles pas York, dit-il doucement.

Henry se balançait d'un pied sur l'autre.

— Mon père est Phillip Louis York.

— Ton père n'a jamais répondu au nom de York. Je l'ai déjà vu ici, c'est le seul à être venu de son propre gré.

L'homme tenait un petit bâton de bois lisse dans sa main gauche. Sa main droite plongea dans un saladier, au pied du fauteuil. Il porta à sa bouche quelque chose de blanc et de vivant, puis le mangea en souriant. Henry serra les poings.

— Avez-vous enlevé ma cousine ? Je suis à sa recherche.

— Elle a disparu ? Et toi ? Partira-t-elle à ta recherche ? À moins que ce ne soit ton père... Comment as-tu trouvé ce passage ?

— Je l'ignore. Il y en a plusieurs.

L'homme pointa son bâton en direction de Henry.

— Tu n'en connais pas plusieurs, c'est impossible. Tu es trop jeune. La magie te terrasserait.

— Si, rétorqua Henry en fouillant dans sa mémoire pour

visualiser la liste de son grand-père. Je connais le passage de Tempore. J'en reviens. Je connais aussi celui de... Mistra, du mont Badon et de Byzanthamum. Et je connais celui de l'Arizona.

Le vieil homme se pencha davantage, les paupières de ses yeux tombaient. Henry poursuivit son énumération dans l'espoir que l'étranger serait incapable de faire la différence.

— Et je connais celui de Boston, de la Floride, du Kansas, du Vermont, du Mexique, de l'Afrique et de New York.

Le vieil homme le fixait toujours de son regard morne.

— Je connais le chemin d'Endor, lâcha Henry.

La surprise se lut sur le visage de son interlocuteur.

— Ton père t'a-t-il appris ces noms ?

— Mon grand-père les a écrits.

— Dis-moi, comment s'appelle cet endroit ? Je ne pense pas que beaucoup possèdent cette science.

— Carnassus.

Le vieil homme resta silencieux un long moment avant de reprendre la parole :

— Où ton grand-père a-t-il inscrit ces noms ?

— Dans un livre... Il est à la maison.

— Où se trouve ta maison ?

Henry ne tenait pas à reparler du Kansas.

— À Henry, dit-il.

— Henry ?

— Dans une ville qui s'appelle Henry.

— Et tu es venu de là-bas jusqu'ici... Combien de temps t'a-t-il fallu ?

— Pas longtemps. Je dois y retourner, ma cousine a disparu.

L'homme se carra dans le fauteuil, se servit de nouveau dans le saladier et mâcha lentement.

— J'étais persuadé que tu ne viendrais pas. Que la porte

avait disparu et qu'elle ne s'ouvrirait jamais. J'ai d'autres moyens de satisfaction, mais, maintenant que tu es là, je ne peux pas te laisser repartir.

— Je dois retrouver ma cousine.

— Elle n'est pas ici.

— On peut clore les portes des deux côtés.

Henry recula vers le rideau noir et l'ouvrit. Il le referma : Richard se tenait derrière, l'air terrifié.

— Je suis désolé de t'avoir fait tomber, chuchota-t-il.

Henry ne savait que répondre. Son intention était de plonger de l'autre côté pour courir modifier la combinaison afin de ne pas être suivi, mais il ne pouvait pas abandonner Richard. Il baissa les yeux et aperçut la corde.

— Retournes-y tout de suite, ordonna-t-il en fermant le rideau.

— La porte est bloquée, alors ? demanda le vieil homme. Tu seras autorisé à partir quand nous aurons discuté de ton livre. Je ne te garderai pas longtemps, je n'ai aucune envie de revoir ton père, ajouta-t-il en éclatant de rire. Je suis surpris de ne pas connaître tous ses fils. Je comprends, naturellement, qu'il ne se soit pas satisfait de six… J'aurais dû me douter qu'il y en avait un septième.

— Je suis fils unique, expliqua Henry, même s'il n'en était plus certain après ce qu'il avait lu.

Il entendit des bruits de pas et tourna la tête vers le couloir. Deux hommes armés de bâtons montaient les marches. Henry ouvrit son couteau et le cacha derrière sa jambe. Les bras tendus, ils fondirent sur lui en entonnant une douce mélopée. Un engourdissement le gagna, comme si une brise de paresse l'enveloppait. Ils s'arrêtèrent devant lui et l'un d'eux tira un long poignard de sa robe. L'autre voulut attraper Henry, qui lui donna un coup de couteau. Les deux hommes firent un bond en arrière. Celui qui tenait le poignard trébucha et s'affala de tout son long. Henry frappa l'autre à la tête, puis il plongea derrière le rideau, où, à sa grande joie, Richard ne se trouvait plus. Il se laissa tomber à genoux et remonta le plus vite possible le long de la corde. Une fois arrivé dans la chambre de papi, il roula sur le sol, tira la corde et referma la porte du placard. Richard était derrière lui, la bouche grande ouverte.

— Ne fais pas de bruit, enjoignit Henry en lui tendant son couteau. Et ne laisse entrer personne. Je reviens tout de suite.

Dès qu'il eut réglé les boutons sur une combinaison inexistante, Henry redescendit sur la pointe des pieds. Richard l'attendait, aussi pâle que la lune.

— Quelqu'un a ouvert la porte, je lui ai donné un coup, puis j'ai refermé.

Henry s'agenouilla, tira doucement le battant et jeta un coup d'œil à l'intérieur. Au fond se trouvait une main.

— Oh non !

— Quoi ? demanda Richard en se penchant pour regarder.

— Je lui ai coupé la main.

— Comment ?

— En changeant la combinaison.

— Que vas-tu en faire ?

Après un moment de réflexion, Henry répondit :

— Je dois la rendre.

— Mais ce n'est pas ta faute.

— Je sais, mais je n'ai aucune envie de l'enterrer dans le jardin. Ils pourront peut-être la lui remettre. Écoute-moi bien : tu restes là, je vais changer la combinaison. Je ne laisserai le passage ouvert qu'une seconde. Dès que le fond du placard disparaît, pousse la main du pied. Tu as compris ? Tu n'auras qu'une seconde, alors sois rapide.

— Attends ! Euh... Attends, tu es sûr ?

— Oui, tiens-toi prêt !

Henry repartit et fit craquer les marches en montant. Il avait probablement réveillé quelqu'un, mais il s'en fichait. Il prit une profonde inspiration, entra la combinaison de Carnassus, compta jusqu'à deux, puis changea la position des boutons avant de redescendre. Il n'entendit aucun hurlement et en conclut que son plan avait fonctionné.

— C'était affreux, dit Richard.

— Ça a marché ?

— Oui, sauf que tu as fait une entaille dans ma chaussure.

Henry baissa les yeux vers le soulier en cuir : une petite lamelle de trois millimètres avait été arrachée.

— Pourquoi m'as-tu suivi ? demanda-t-il à Richard. Tu dois y retourner.

— Pourquoi ?

— Parce que tu ne peux pas rester ici.

— Et pourquoi pas ?

— Eh bien, parce que personne ici ne sait que je peux me rendre dans d'autres endroits et que je dois retrouver ma cousine avant le lever du jour. Elle a sans doute de gros ennuis et, si ce n'est pas encore le cas, nous finirons de toute façon par en avoir aussi.

— Je peux t'aider à la chercher.

— Tu dois y retourner, répondit Henry en secouant la tête.

— Je ne vois pas pourquoi, rétorqua Richard en allant s'asseoir sur le lit. Qui dort ici ?

— Personne ne t'a demandé de venir.

— Personne ne t'a demandé d'entrer dans mon horloge. J'aurais pu te laisser à l'intérieur, tu sais. Qui dort ici ?

— C'était la chambre de mon grand-père, il est mort. Personne ne l'occupe maintenant.

— Alors je peux m'y installer. Tu n'as pas besoin d'en parler à tes parents.

— C'est la maison de mon oncle et de ma tante.

— Tu n'as pas besoin de leur en parler.

— C'est non.

— Bon, soupira Richard. Laisse-moi au moins t'aider à chercher ta cousine. Je repartirai à la fin de la nuit.

Henry toisa le garçon au visage farineux.

— Je resterai même si tu me l'interdis, reprit-il.

— Très bien, concéda Henry, mais tu dois m'obéir.

— D'accord, dit-il en souriant.

Henry n'aimait pas ses dents.

— Viens alors, nous devons monter et choisir notre prochaine destination. Ne fais pas de bruit, tout le monde dort. Et ne ferme pas la porte de la chambre.

Henry sortit de la pièce sans se retourner. Il entendit que Richard se prenait les pieds dans le tapis déchiré, mais ne s'arrêta pas. Il sortit le journal de son sac à dos et chercha la combinaison la plus ressemblante. Il faillit éclater de rire : il allait emmener son compagnon au mont Badon.

Henry régla les boutons et intima à Richard de ne pas poser de questions, de ne pas toucher aux portes et d'être plus discret avec ses pieds.

Arrivé au bout du grand placard, Henry sentit qu'il remontait. Ses mains agrippèrent de la terre, puis de l'herbe. Entraînant la corde derrière lui, il sortit de l'arbre. Le ciel était plus gigantesque et plus bas que tous ceux qu'il avait jamais vus. Il se retourna vers l'arbre. Le tronc était imposant, mais la crevasse ne paraissait pas suffisamment large pour permettre le passage d'un être humain. Il vit alors la tête de Richard passer à travers le bois, et il éclata de rire. Il était bien sur le mont Badon. Le soleil, bien qu'il fût bas dans le ciel, brillait, et l'herbe qui ondulait sous la brise caressait les flancs de la grande pierre grise et dissimulait le crâne. Soudain, une forme sauta sur la pierre. Comme elle était à contre-jour, Henry dut plisser les paupières pour l'identifier.

— Noiraud ! Richard, elle est ici ! C'est forcé ! Viens !

Richard observa le chat, le ciel, l'herbe et la cime des arbres immenses. C'était magnifique. Il ne voulait pas pleurer en présence de Henry, il se redressa et ferma les yeux.

— J'aime beaucoup cet endroit, dit-il.

Henry était monté sur la pierre, Noiraud dans les bras. Richard voulut le rejoindre, mais n'y parvint pas. Henry lui tendit la main pour l'aider. Ils se tournèrent tous deux vers les bois.

— La montagne est bien plus haute que je ne me l'étais figuré, décréta Henry. Et il y a une drôle d'odeur.

Noiraud s'échappa de ses bras.

— C'est la mer, dit Richard en indiquant une étendue bleue dissimulée en partie par les arbres, j'ai déjà senti cette odeur. Nous sommes très haut. Est-ce une île ?

— Aucune idée. Allons-y. Henrietta a une longueur d'avance sur nous.

Henry descendit de la pierre et faillit marcher sur le chat. Noiraud l'observait, le regard vide. Puis il détala vers le tronc creux, où il disparut. Il réapparut quelques instants plus tard et fixa de nouveau Henry, avant de retourner à la crevasse.

— Il veut rentrer, l'informa Richard.

— Un peu de patience, Noiraud. Nous devons trouver Henrietta d'abord.

Henry tourna les talons et se dirigea vers un vieux mur en contrebas. Richard lui emboîta le pas. Noiraud les dépassa, sauta sur les décombres, fit le dos rond et cracha en direction de Henry.

— Arrête !

Henry posa sa main sur le mur pour l'enjamber, mais il la retira aussitôt. Noiraud y avait laissé quatre profondes griffures.

— Très bien ! File ! Va où bon te semble ! Nous, nous cherchons Henrietta.

Il pressa ses lèvres sur sa main meurtrie. Richard se mit à gesticuler, il était mal à l'aise.

— Elle n'est peut-être pas là.

— Si le chat est ici, c'est qu'elle est ici. Ce n'est pas plus compliqué que ça.

— Et si le chat nous avait suivis, nous ?

Henry soupira, il ne devait pas se mettre en colère. Sa frustration se transforma en désespoir : Richard avait peut-être raison et, s'il avait raison, alors Henrietta pouvait avoir disparu pour toujours.

— J'aimerais que tu sois un chien, lança-t-il à l'intention de Noiraud. Où est Henrietta ? Trouve-la !

Noiraud prit un air offusqué, mais il sauta à bas du mur et, la queue en l'air, il se dirigea vers le tronc. Henry emplit ses poumons d'air du mont Badon puis écouta le zéphyr siffler et faire bruisser davantage de feuilles qu'il ne pouvait en compter. Le souffle était doux, mais le bruit des feuilles puissant et constant comme un cours d'eau. Il sentait la mousse, la terre et le soleil. Ses yeux guettaient un mouvement qu'ils ne parvenaient pas à identifier, celui du vent.

« C'est ici que j'ai envie d'être, songea Henry. Pourquoi n'y es-tu pas, Henrietta ? Je suis sûr que tu es dans un endroit affreux. » Il se retourna et vit les maigres jambes de Richard disparaître dans le tronc. Noiraud s'était déjà volatilisé. Il soupira et se mit en route d'un pas lourd.

Chapitre douze

Si Henrietta avait bien dévalé les marches du grenier, elle n'était pas, en revanche, tombée sur son père. Il n'y avait pas de lumière dans la salle de bains, mais la porte de papi était toujours ouverte et la lampe toujours allumée. Il y avait plusieurs explications possibles : soit son père n'était pas encore sorti de sa chambre, soit il n'en sortirait pas, soit encore il en était déjà sorti, avait vu la lumière dans la chambre de papi et s'y était rendu pour obtenir une explication.

Henrietta s'était précipitée, elle avait aperçu quelqu'un par la porte entrouverte et son cœur s'était serré. Elle avait compris que ses chances de conserver les journaux et les clés venaient de s'envoler. Étant audacieuse, elle avait pourtant rassemblé son courage afin d'affronter la conversation qui l'attendait. Affichant son plus beau sourire, carrant les épaules, elle avait pénétré dans la pièce.

Elle n'avait pas décroché un mot. Sa bouche s'était ouverte sans qu'elle pût pour autant l'utiliser. Un vieil homme, petit et presque chauve, lui tournait le dos. Il portait le genre de veste qu'aiment les personnes âgées, en tissu écossais marron avec des coudes en cuir. Il étudiait la bibliothèque, en tripotant les dos des vieux livres, et marmonnait dans sa barbe.

Il n'existe pas de protocole concernant l'attitude à adopter par une petite fille lorsqu'elle tombe sur un vieil homme dans une chambre mystérieuse. Henrietta avait donc fait de son mieux.

— Excusez-moi…

Le vieillard avait pivoté, envoyant valdinguer plusieurs ouvrages. Son visage était petit comparé à la taille de sa tête et il brandissait le verre d'une paire de lunettes cassée devant son œil gauche. Il avait étudié Henrietta un instant. Elle avait esquissé un sourire. Puis il avait plongé à terre avec une rapidité que Henrietta croyait jusqu'alors impossible. Elle s'apprêtait à lui demander comment il allait, mais il avait ouvert la porte du placard au pied de l'étagère et s'était faufilé à l'intérieur.

— Attendez ! avait-elle lancé. Je veux simplement vous parler.

Elle avait bondi pour agripper son pied. Il lui avait décoché un coup dans le ventre, et elle lui avait arraché sa chaussure. Assise devant le placard, elle avait repris son souffle et avait regardé les pieds du vieil homme disparaître au fond. Elle avait hésité. Elle venait de découvrir un autre placard magique, et ses chances d'obtenir des explications venaient de se volatiliser. Elle avait fini par se mettre à quatre pattes et par entrer, elle aussi, dans le placard. Noiraud avait pénétré dans la pièce au moment où les pieds de Henrietta s'évanouissaient. Plus que n'importe qui, il avait conscience des risques qu'il prenait, pourtant il avait filé droit vers le placard, à une vitesse dont seul un coyote du coin avait déjà été témoin et que Dotty aurait attribuée à une illusion d'optique. Le panneau en bois, à l'arrière du placard, avait réapparu, puis il avait de nouveau disparu. Noiraud s'était retrouvé plongé dans le noir. Il avait senti le sol grimper sous ses pattes, puis il avait émergé au milieu d'herbes hautes, au soleil. Il n'avait guère eu besoin d'explorer les alentours pour savoir que Henrietta était ailleurs. Il avait fait demi-tour et avait voulu retourner dans la crevasse, de là où il venait.

Seulement le passage avait été refermé derrière lui.

Noiraud était un chat intelligent, il n'avait pas perdu de temps à s'inquiéter. Il avait marché jusqu'à la pierre, avait sauté dessus et s'était allongé au soleil.

Henrietta s'immobilisa. Le son de violons, de violoncelles et d'un étrange piano – dont les cordes semblaient pincées plus que frappées – lui parvenait au-delà des murs qui l'entouraient, remplissant l'espace obscur et exigu où elle était accroupie. Il y avait des voix, également. Et des rires.

Elle était toujours dans un placard, mais un placard plus grand que celui d'où elle venait. Elle éternua. Il y avait de la poussière, des toiles d'araignée, et, si elle se fiait à ses mains, beaucoup de crottes de souris séchées. Elle ramena ses jambes sous elle, et son dos effleura le panneau supérieur. Elle chercha à tâtons la porte et la trouva une cinquantaine de centimètres devant elle, légèrement en biais.

Henrietta voulait seulement l'entrouvrir, mais le battant s'écarta largement dès qu'elle l'effleura. Elle cligna des yeux tant elle fut éblouie et assaillie par le tumulte. En les rouvrant, elle découvrit une vaste salle de bal au plafond voûté : les poutres noires s'élevaient à plus de quinze mètres au-dessus d'un plancher de bois incrusté. D'immenses fenêtres, qui montaient presque jusqu'au plafond, alternaient avec des colonnes lisses et des fresques aux couleurs vives. Un petit orchestre était installé sur un balcon, à une extrémité de la salle, et une foule de danseurs tourbillonnaient sur le parquet. De magnifiques femmes, pas plus grandes que Henrietta, portaient des robes de toutes les couleurs de la Terre. Leurs cheveux étaient ramenés sur le sommet de leur crâne et ornés de perles éclatantes.

Ceux des hommes, qui étaient brun foncé, étaient tirés en arrière et descendaient en longues tresses dans leur dos. Ils avaient des pantalons larges et de petites vestes à manches bouffantes qui s'arrêtaient aux coudes.

Henrietta oublia le petit homme. Et le Kansas. Elle s'assit, la bouche ouverte, les yeux écarquillés. Elle regarda ces hommes et ces femmes se mouvoir le long des murs, manger et rire aux éclats. Elle observa les musiciens. Elle étudia le plafond et le sol, les colonnes, les fenêtres et les fresques.

Elle n'avait jamais rien vu d'aussi beau.

Comme ses yeux balayaient encore une fois les danseurs, ils s'arrêtèrent sur une personne en particulier, une personne qu'elle reconnut bien qu'elle fût de dos. C'était un homme chauve, qui portait une veste écossaise avec de grands empiècements de cuir aux coudes. Il se frayait un chemin à travers les danseurs. Il n'avait qu'une seule chaussure et il regardait où il mettait les pieds avant de les poser. Personne ne lui prêtait attention. Henrietta se pencha en avant et passa la tête par la petite ouverture pour s'assurer que personne ne se tenait juste à côté. À cet instant précis, les couleurs s'estompèrent et la musique cessa. Tout le monde disparut à l'exception de l'étrange petit vieux en veste, qui avançait précautionneusement sur un sol parsemé de trous et de tas de pourriture.

Henrietta se glissa par la petite ouverture, trébucha sur une étroite corniche et tomba. Au-dessus d'elle s'élevaient la charpente carbonisée du plafond voûté ainsi qu'un ciel gris. Les murs étaient noirs de suie, les fresques recouvertes de cendres, et les fenêtres n'étaient plus que des trous béants.

— Qu'est-il arrivé ? hurla-t-elle. Où sont-ils tous passés ?

— Ha ! ricana amèrement le petit homme.

Une branche craqua sous son pied, et il l'écarta. Henrietta se leva pour le suivre. Le sol était plus régulier près du mur. Elle avança prudemment. C'était comme explorer une de ces vieilles granges penchées qui n'ont plus vraiment ni toit ni murs.

— Répondez-moi ! répéta-t-elle.

Le petit homme se retourna.

— Regarde ce que tu as déjà fait...

— Ce n'est pas ma faute ! Je vous ai juste suivi.

Il la dévisagea.

— Si tu parles de la destruction de l'un des plus grands palais de l'une des plus grandes cités, non, bien sûr. C'est l'œuvre de plus grands fous que toi. En revanche, à cause de toi, j'ai perdu mes lunettes.

— Je suis désolée, je voulais juste vous parler. Nous pourrions y retourner pour les récupérer.

— Certainement pas. Et tu m'as arraché ma chaussure, en prime, ajouta-t-il en faisant demi-tour pour venir à la rencontre de Henrietta.

— Vous preniez la fuite.

Lorsqu'il l'eut rejointe, il s'arrêta et la détailla de la tête aux pieds.

— Je m'appelle Henrietta.

— Je sais.

Il retourna au placard, qui était encastré dans un gigantesque vaisselier, et y pénétra. Il en ressortit presque aussitôt.

— Ce n'est pas notre jour de chance. Le passage a été refermé et nous voilà tous deux coincés ici. Si j'étais toi, je m'installerais dedans et j'attendrais qu'il s'ouvre. Ça peut durer une année. Moi, je vais aller voir ce qu'il reste de ma maison.

Il ôta sa chaussure et la fourra dans la poche de sa veste. Il ne portait pas de chaussettes. Il s'éloigna.

— Vous avez dit que j'étais coincée ? Attendez ! Attendez, je veux vous parler.

Il lui fit face.

— Tu comptes me suivre encore longtemps ?

— Allez-vous me frapper ?

— Je te demande pardon ?

— Savez-vous comment les placards marchent ?

Il haussa les épaules.

— Quel besoin as-tu de le savoir ? Essaie, tu verras bien ce qui arrivera.

Henrietta inspira profondément pour contenir la colère qui montait en elle.

— Dites-moi seulement comment rentrer.

— Tu ne pourras pas retourner d'où tu viens tant que celui qui est aux commandes n'aura pas remarqué ton départ et ne sera pas capable de retrouver la combinaison que les boutons indiquaient quand tu as attrapé mon pied. De ton côté, il n'y a rien à faire, à part attendre des journées entières dans ce placard. Pour ta gouverne, j'ai patienté des semaines durant dans des endroits bien plus déplaisants que celui-ci. D'ailleurs, ces derniers jours, grâce à vos expériences, j'en ai visité certains… Lorsque le passage s'ouvrira, tu n'auras pas beaucoup de temps. Il ne faut pas rater l'occasion. Et ne laisse pas traîner une gambette. Je ne te retiens pas plus longtemps. Au revoir.

Henrietta le rattrapa par sa veste.

— Je n'ai jamais rencontré de ma vie une petite fille plus désireuse de s'accrocher à un vieillard. Maintenant, laisse-moi.

— Je suis aussi grande que vous.

Le visage du vieillard devint tout rouge, et ses oreilles violettes. Il fit un pas vers elle en plongeant ses yeux dans les siens. Elle lâcha la veste.

— Pourriez-vous simplement me dire ce qui est arrivé ? Où sommes-nous ? Où sont-ils tous passés ?

Il leva les yeux au ciel et secoua la tête.

— Vous l'ignorez ?

— Bien sûr que non. C'était il y a fort longtemps... Si tu retournes dans ce vaisselier, tu me verras danser, même si j'ai surtout mangé des saucisses cette nuit-là. Par ici, dit-il en indiquant l'extrémité de la pièce déserte. Tu ne me reconnaîtrais pas. J'étais redoutable.

— Redoutable ?

— Un vrai apollon. J'étais séduisant, extrêmement beau, même.

Henrietta éclata de rire.

— Qu'est-il arrivé ?

— Les étoiles sont tombées, la lune a disparu, la terre a tremblé... Comme tu veux. Une nuit, la vie des FitzFéeric s'est terminée. Mais ce vaisselier garde des souvenirs. Le bois se rappelle toujours beaucoup de choses.

— Où sont partis tous les gens ?

— La plupart sont morts. Quant à moi, j'ai voyagé et je suis devenu bibliothécaire.

— Que faisiez-vous dans la chambre de mon grand-père ? Mon cousin vous a vu, n'est-ce pas ?

— Cette mauviette est ton cousin ? Il m'a vu, oui. J'ai répondu à suffisamment de questions. Le soleil se couche, et je veux être loin avant la tombée de la nuit. Dans l'obscurité, cet endroit cherche à réveiller ses vieux démons. J'ai déjà assisté à ce spectacle, et je ne tiens pas à recommencer.

— Vous insinuez qu'il est hanté ? Je ne veux pas rester, si c'est le cas.

— Si tu tiens à rentrer chez toi, tu y seras bien obligée. As-tu le don de la seconde vision ?

Henrietta secoua la tête.

— Je ne sais même pas de quoi il s'agit.

— Ce sera sans doute moins éprouvant pour toi, alors.

Le vieil homme ouvrit plusieurs portes du vaisselier.

— Que faites-vous ?

— Je m'en vais.

— Comment ? Il y a un autre placard magique ?

Il éclata de rire et se glissa par une petite ouverture.

— C'est un passe-plat. En m'avançant au centre de la pièce, j'ai constaté que l'escalier s'était effondré depuis ma dernière visite, qui remonte à plusieurs années. Maintenant, adieu, à toi et à tes questions.

Henrietta le vit tirer sur une petite corde au fond, puis disparaître dans un crissement de vieilles poulies. Elle se pencha pour le regarder descendre, mais il avait déjà plongé dans l'obscurité.

— Vous ne m'avez pas dit votre nom ? cria-t-elle.

— Ahh ! ne hurle pas ! Ça résonne.

— Comment vous appelez-vous ?

— Demande aux esprits.

Sa voix se répercutait sur les parois de la cage où il s'enfonçait. Il était presque arrivé en bas. Henrietta attrapa les deux petites cordes. Elles lui brûlèrent les paumes mais s'immobilisèrent. La voix du vieil homme s'éleva. Il était en colère.

— Horrible petite peste ! Lâche ça !

Henrietta éclata de rire et se pencha en arrière pour éviter les échos.

— Dites-moi votre nom.

— Eli, répondit-il en soupirant.

— Eli comment ?

— Eli FitzFéeric.

— Que faisiez-vous dans la chambre de mon grand-père ?

— J'y habitais.

— Pourquoi ?

— C'était un de mes amis. Et un fou, comme son père. Maintenant, lâche la corde avant que je ne te jette un sort.

— Qu'est-il véritablement arrivé ? Comment sont-ils tous morts ?

La corde se mit soudain à chauffer. Henrietta retira ses mains, Eli dégringola dans la cage, ses cris montèrent par vagues. Une des poulies sortit de son logement avec un craquement, et le bruit de sa chute résonna dans la salle de bal. Quand le calme fut revenu, Henrietta passa à nouveau la tête par l'ouverture. Elle entendit des gémissements.

— Vous allez bien ?

Les gémissements se transformèrent en jurons.

— Oh, toi, je te retiens ! Tu es aussi dangereuse que ton grand-père !

Il se remit à grommeler.

— Je suis sûre que vous ne le pensez pas, lui lança-t-elle. Amusez-vous bien dans les sous-sols des FitzFéeric. Amusez-vous bien, mais ne mangez rien, et surtout ne vous faites pas manger !

Henrietta l'entendit s'éloigner. Lorsque le bruit de ses pas et de ses vociférations se fut évanoui, elle décida de partir en expédition.

Assis sur le lit de Henry, Richard observait le grenier.

— C'est ici que tu vis ? C'est sale !

— Ta chambre ne me plaisait pas davantage, ronchonna Henry. Je ne sais plus..., ajouta-t-il pour lui-même en feuilletant le journal de papi. Il n'y a plus vraiment de combinaison qui convienne.

Il en choisit pourtant une, régla les boutons, puis s'assit à côté de Richard.

— C'est la dernière. Si elle n'est pas là-bas, je réveille oncle Frank.

Richard haussa les épaules.

— Très bien. On lui demandera si je peux rester.

— Viens, lança Henry.

Ils redescendirent pour la dernière fois.

Henry s'assit devant la porte du placard. Il était fatigué et nerveux, et il bâillait pour ces deux raisons. Il risquait sa vie, Henrietta aussi. Il serait plus inspiré de réveiller oncle Frank.

— Je le ferai, dit-il à voix haute. Après cette tentative. Si je ne meurs pas… Si *nous* ne mourons pas.

— Quoi ?

Henry ne répondit pas à Richard. Il rampait déjà dans le placard.

Frank rassura Dotty : ils n'avaient aucun souci à se faire pour ces bruits dans l'escalier. Il savait que Henry était debout et les filles également, sans doute.

— Ce garçon est une sorte d'herbe jaune. Lorsque tu laisses une planche dans la cour et que tu la récupères au bout de quelques semaines, ou même de quelques jours, l'herbe en dessous est toute jaune. À cause de l'absence de soleil. Henry s'est retrouvé sous une planche beaucoup, beaucoup plus longtemps.

— Les filles non plus ne dorment pas, apparemment.

— Elles s'en remettront, conclut Frank en replongeant dans les bras de Morphée.

Il se réveilla de nouveau plus tard. Cette fois, ce n'était pas à cause du bruit. Non, il se sentait bizarre. Le soleil n'était pas encore levé, mais l'aube éclairait déjà le ciel. Dotty dormait à poings fermés.

Frank s'extirpa du lit et sortit en bâillant de la chambre. Il se figea, la main sur la poignée de la salle de bains. Il y avait de la lumière dans la chambre de papi, la porte était entrouverte. Frank n'en croyait pas ses yeux. Il s'avança et poussa le battant, qui ne lui offrit aucune résistance. Les rideaux étaient ouverts et la pièce était claire. Il y avait des fleurs dans un vase et quelques objets épars par terre, mais Frank n'y prêta aucune attention. Son regard avait été capté par la présence sur le lit d'un garçon maigrichon, le pantalon remonté jusqu'aux aisselles, endormi sur le dos. Il avait retiré ses chaussures, d'étranges bottines, et ses pieds étaient nus. Il avait d'énormes lèvres gercées.

Frank se pencha au-dessus du dormeur pour examiner son visage. Il toussa, et le garçon ouvrit les yeux en grand.

— Henry est entré dans le placard, dit-il. J'ai décidé de ne pas être du voyage, cette fois. Ça vous embêterait si je restais ?

Chapitre treize

Un autre que Frank aurait posé des questions. Il se serait interrogé sur l'identité de Richard ou sur sa présence dans la maison. Frank, lui, s'approcha du placard, s'accroupit devant et entra. Arrivé au fond, il s'arrêta. Il y avait un étrange bruit de succion et un souffle d'air. Il laissa à ses yeux le temps de s'habituer à l'obscurité, puis observa sans ciller la paroi devant lui. Elle vacillait et était traversée d'éclairs de lumière.

Frank sortit et quitta la pièce sans même jeter un regard à Richard. Il gravit lentement l'escalier du grenier. La porte à double battant de la chambre de Henry était ouverte. Une couverture et un tas d'affiches scotchées ensemble jonchaient le sol. Il n'y avait plus de plâtre sur l'un des murs, seulement des portes de placard. Conformes au souvenir que Frank en avait.

Anastasia était assise sur le lit. Elle se tortilla pour regarder son père.

— Papa ! Henry a arraché tout le mur, mais regarde ce qu'il a trouvé ! Tu avais déjà vu ces portes ? Comment les ouvre-t-on ?

Elle se retourna et joua avec un des boutons gradués.

— Je crois qu'il faut une combinaison, lança-t-elle.

— Ne touche pas à ces boutons, Anastasia ! Et descends de ce lit.

Bien qu'elle ne l'entendît que rarement, Anastasia

reconnut aussitôt le ton dans la voix de son père. Elle obtempéra.

— Où est Henry ? demanda Frank.

— Aucune idée. On n'a pas non plus réussi à trouver Henrietta. Ils se sont levés, cette nuit, mais Penny ne m'a pas laissée les suivre avant le lever du jour. Elle est allée voir s'ils n'étaient pas dans la grange. C'est qui ? demanda-t-elle en pointant un doigt.

Frank se retourna et découvrit Richard sur le seuil de la chambre.

— Comment t'appelles-tu ? l'interrogea Frank.

— Richard Leeds.

— Anastasia, je veux que tu te concentres, reprit son père. Te rappelles-tu la position de ces boutons avant que tu les tripotes ?

Elle secoua la tête.

— J'ai fait quelque chose de mal ? Qu'est-ce que j'ai fait ?

Frank lui sourit.

— Descends. Richard et moi, nous avons à parler. Viens me prévenir si vous trouvez Henry ou Henrietta.

Anastasia sortit de la chambre, et Frank attira Richard vers lui. Le garçon se tordait les mains nerveusement et se mordillait les lèvres. Frank était toujours en pyjama, et ses cheveux se dressaient sur sa tête. Ils s'assirent tous deux sur le lit de Henry.

— Qu'est-il arrivé ?

— Henry est apparu dans une horloge de ma maison, puis il a voulu rentrer et je l'ai suivi à son insu. Ensuite, nous sommes partis à la recherche de Henrietta, mais nous ne l'avons pas trouvée. En revanche, nous sommes tombés sur le chat. Nous avons visité un tas d'endroits. Henry a dit qu'il en essaierait un dernier avant de réveiller oncle Frank. Moi, je suis resté. Vous êtes oncle Frank ?

Ce dernier acquiesça et médita les mots de Richard en silence.

— Où habites-tu ?

— À Hutchins.

— Dans quel pays est-ce ?

— En Angleterre. Nous sommes bien en Angleterre ?

— Non, c'est le Kansas, ici. En quelle année vis-tu ?

— En 1989. Sous le règne de la reine Askew.

— Un monde parallèle..., soupira Frank. Je me doutais que nous serions confrontés à quelque chose de la sorte. Es-tu fatigué, Richard ?

— Oui.

— Tu peux t'allonger un peu, si tu veux. À mon retour, je serai peut-être contraint de te réveiller.

À peine Frank eut-il quitté la chambre que Richard s'affala, tête la première, sur le lit. Il dormait à poings fermés alors que Frank n'avait pas encore atteint le pied de l'escalier. Dotty était sur le palier, en robe de chambre. Elle avait les bras croisés, les cheveux en bataille et le regard inquiet.

— Que se passe-t-il ? La chambre est ouverte.

Frank prit une profonde inspiration avant de se lancer :

— Henry est passé par le placard. Henrietta aussi. Elle est partie la première. Il est à sa recherche.

Dotty s'adossa au mur et se laissa glisser jusqu'à être assise par terre. Elle se prit la tête dans les mains.

— Je suis désolée, amour. J'aurais dû intervenir. Je ne voulais pas le brider.

Dotty était immobile.

— Dots, il y a un garçon là-haut, Henry l'a ramené de l'une de ses expéditions. Il va dormir un moment, mais il aura besoin de se mettre quelque chose sous la dent.

Elle se leva et planta ses yeux dans ceux de son mari.

— Tu vas partir à leur suite ?

— Je n'ai pas vraiment le choix.

— Sais-tu où ils se trouvent ?

— Non. Anastasia jouait avec les boutons quand je suis monté. Je vais devoir tâtonner, ça risque de me prendre un moment.

Dotty serra les mâchoires.

— Ta vie est ici, Frank, tu ne l'as pas oublié ?

Il ne répondit rien. Dotty se détourna et retourna dans leur chambre. Frank ramassa la paire de lunettes cassées devant le placard et s'assit par terre. Il tira sur la corde : son extrémité avait été tranchée d'un coup net. Il passa son bras à l'intérieur et sentit la paroi au fond. Il réfléchit un instant avant de remonter au grenier. Richard ronflait.

Frank s'efforça, dans un premier temps, de se déplacer silencieusement, mais, après avoir fait craquer quelques planches et froissé quelques affiches, il se rendit compte que le sommeil de Richard était de toute façon imperturbable. Il se pencha et examina le mur. En voyant que le pied du lit était plaqué contre la porte noire, il sursauta.

En bas, il trouva Dotty assise à la table à manger. Elle avait une main sur la bouche, mais ne pleurait pas. Frank savait qu'elle ne le ferait pas. Anastasia observait la scène depuis un coin. Elle avait demandé à sa mère ce qui n'allait pas, mais n'avait obtenu aucune réponse. Alors elle attendait. Dotty regarda Frank.

— Où est Henry ? demanda Anastasia. Est-ce que Henrietta est avec lui ?

— Aucune idée, répondit Frank.

— Est-ce qu'ils vont bien, à ton avis ? intervint Dotty. Est-ce qu'ils sont sains et saufs ? Tu crois pouvoir les retrouver ?

— Si tu veux la vérité, Dots, je vais avoir besoin de chance. Je suis sûr que je peux y arriver si je dispose d'assez de temps. En réalité, tout dépend de leur capacité à se débrouiller et de ceux qu'ils croisent sur leur route. Il y a des endroits moins dangereux que d'autres.

Frank s'assit à côté de Dotty et posa les poings sur la table.

— Anastasia, va chercher ta sœur. Votre mère vous expliquera la situation de son mieux. Va, insista-t-il comme elle restait plantée dans son coin.

Une fois qu'elle fut partie, il s'adressa à Dotty :

— Je pars. Ne laisse pas les filles monter sans toi. Tu peux t'absenter de la maison sans problème.

— C'est *toi* qui devrais leur expliquer.

— Je n'ai pas le temps. Plus tôt je commence, plus j'ai de chances de réussir.

Il déposa un baiser sur le front de sa femme et se leva. Penelope et Anastasia déboulèrent dans la pièce à ce moment-là.

— Je vais retrouver votre sœur et votre cousin. Votre mère vous expliquera. Vous devrez lui obéir ensuite.

Il sortit. Penelope et Anastasia s'assirent calmement et observèrent leur mère.

— Qu'est-ce que tu vas nous expliquer ? demanda Penelope.

— Je ne sais pas très bien.

— Où sont partis Henry et Henrietta ? reprit Anastasia.

— Je l'ignore. C'est ce que votre père doit découvrir.

Il y eut un long silence, Dotty finit par le rompre en soupirant.

— Votre père en a sans doute pour un moment, je vais en profiter pour vous raconter... vous raconter tout ce que je sais.

Dotty s'interrompit de nouveau. Ses deux filles retinrent leur souffle, craignant qu'elle ne change d'avis. Elle commença alors son récit.

Chapitre quatorze

— J'avais à peu près ton âge, Penelope, et je rentrais de l'école. C'était la fin de l'été, et les cours venaient de reprendre. Henry comptait davantage d'habitants à l'époque, c'est en tout cas l'impression que cela donnait, et ils adoraient tous le baseball. Il y avait plusieurs équipes. Chacune avait son propre terrain d'entraînement, prêté par un fermier du coin. L'un de ces terrains se trouvait juste à côté de notre maison.

Dotty jouait avec ses doigts en parlant et évitait le regard de ses filles. Elle avait les yeux rivés sur le passé.

— Ce jour-là, quand je suis arrivée à la maison, mon père suivait un match depuis la cour. Il y avait un garçon avec lui. Je n'avais aucune envie de le rencontrer, je suis donc discrètement passée par la porte de derrière.

« Il est resté dîner, mais il ne m'a pas adressé un seul mot. Il était plus âgé que moi, il était mince et brun, il avait un sourire éclatant et des yeux rieurs. Je n'avais jamais vu un garçon se tenir aussi droit. Il n'avait pas du tout peur de mon père. Votre tante Ursula lui a fait les yeux doux tout le temps du repas. Ma mère et moi n'avons pas dit grand-chose, et mon père répétait en boucle que c'était un sacré batteur. Il portait une bague au pouce, de ces grosses bagues en argent que l'on utilisait pour cacheter des lettres avec de la cire. Elle représentait trois étoiles de mer. Ursula a demandé à la voir au moins une dizaine de fois.

« Le lendemain, sur le chemin du retour, j'ai vu le même

garçon. Il jouait dans le parc. Je me suis arrêtée pour l'observer, et j'ai constaté qu'il savait en effet manier une batte. Le lendemain, je l'ai croisé à l'école. Tout le monde parlait de lui, de son don pour le baseball et de l'impact pour le lycée de Henry. Il s'est installé chez un couple de vieux, les Willis.

— Tu veux dire que...

— Un peu de patience, Penelope. Ne m'interromps pas. Près d'une année s'est écoulée avant que je ne lui adresse la parole pour de bon. Je rentrais à la maison après les cours, et il m'a rattrapée. Il m'a expliqué qu'il avait besoin de mon aide pour retourner chez lui. Il venait d'une ville, ailleurs, où on ne jouait pas au baseball. Il m'a demandé de m'asseoir et m'a raconté une histoire très étrange.

« Dans sa famille, les garçons étaient contraints de partir sur les routes toute une année pour faire leurs preuves. Deux de ses frères avaient été tués à la guerre. Son aventure à lui était différente.

« Mon père s'était rendu dans cette ville à plusieurs reprises. À la bibliothèque, plus précisément. Ses visites n'avaient, dans un premier temps, dérangé personne. Mais des livres apparemment importants s'étaient mis à disparaître. Votre grand-père avait été banni, et le garçon envoyé à ses trousses.

« Il avait suivi votre grand-père hors de la ville, sur les routes, à travers des collines et des bois, jusqu'à une vallée secrète. Là, au milieu des broussailles, se cachaient les ruines d'un vieux temple. Il l'avait observé à distance, et l'avait vu pénétrer dans un trou au milieu des décombres. Il avait attendu un moment, puis, ne le voyant pas réapparaître, il avait emprunté le même chemin. Dès qu'il était entré dans le trou, il s'était retrouvé à plat ventre. Il avait rampé et avait débouché dans la chambre de mes parents.

« En sortant de la maison, il était tombé sur votre grand-père, qui sirotait une limonade sous le porche. Le garçon lui avait demandé s'il était un sorcier et s'il avait volé les livres de la bibliothèque. Votre grand-père, qui l'avait reconnu, avait éclaté de rire et lui avait répondu qu'il n'était qu'un explorateur et qu'il l'avait entraîné dans la cour pour lui montrer comment on jouait au baseball.

« L'année sur les routes s'est transformée en année de baseball à Henry.

Anastasia trépignait d'impatience.

— Grand-père avait des pouvoirs magiques ? Vraiment ?

— Pas du tout. Mais il avait fait une découverte. Le garçon m'a expliqué que votre grand-père avait créé un placard qui lui permettait de se rendre dans différents endroits. Le garçon voulait rentrer chez lui, mais votre grand-père lui a dit que c'était impossible : le mur en ruine s'était effondré et le passage était fermé. Le garçon n'avait pas confiance, c'est pourquoi il m'a demandé mon aide.

« Un soir que mes parents étaient sortis et qu'Ursula était chez des amis, il est venu à la maison pour étudier le fameux placard. Il ne menait nulle part. Je l'ai emmené dans le petit bureau de votre grand-père, au grenier, à l'endroit où se trouve maintenant la chambre de Henry. La porte à double battant était verrouillée, il l'a forcée. Nous avons découvert un mur couvert de portes, et les livres que votre grand-père avait pris. Il y avait également des notes identifiant ces petites portes et expliquant comment elles fonctionnaient, comment on pouvait se rendre dans un autre endroit par l'intermédiaire du placard qui était dans la chambre de mes parents.

Dotty s'interrompit un instant. Ses deux filles avaient les yeux écarquillés.

— Comme le garçon ne reconnaissait aucun des noms, nous avons essayé, les unes après les autres, toutes les destinations. Nous avons continué jusqu'à ce que… nous tombions sur un endroit hostile, où l'on a cherché à nous retenir. Votre grand-père est venu nous sauver. Il a réussi à nous ramener. Il était très en colère et nous a dit qu'il était réellement en quête d'un moyen de renvoyer le garçon chez lui.

« Il n'y est jamais parvenu. En tout cas, c'est ce qu'il a prétendu. Il a fini par cesser d'utiliser ces placards. Il recevait des visites déplaisantes, dans le grenier comme dans sa chambre. Un jour, il n'a plus fermé la porte à double battant de son bureau, et j'ai constaté qu'il n'y avait plus un seul placard. Il les avait plâtrés.

« Comme il ne pouvait pas rentrer chez lui, le garçon est resté un temps à Henry, où il a continué à jouer au baseball.

Frank troqua son bas de pyjama contre un vieux pantalon vert avec des poches sur les jambes qu'il avait déniché à un vide-grenier. Dans le tiroir supérieur d'une vieille commode blanche, il fourragea parmi des piles de chaussettes rayées dépareillées pour mettre la main sur un poignard. Il le tira de son fourreau et joua avec le reflet sur sa lame. On le lui avait offert lorsqu'il était très jeune, et c'était le seul couteau de la maison qu'il n'avait jamais aiguisé. C'était d'ailleurs pour cette raison qu'il affûtait tout le reste. Frank fixa le fourreau à sa ceinture, dans son dos, et enfila une vieille casquette de baseball bleue avec la lettre *H* brodée en rouge. Il sortit en hâte de sa chambre. Sur le palier, il s'accroupit, fit des flexions, puis se releva pour pivoter le buste à droite et à gauche en respirant profondément.

— Tu as grandi, Francis.

Il se retourna vivement. Au pied de l'escalier du grenier se tenait une femme petite mais belle. Elle avait un chat galeux dans les bras. Le chat regardait Frank, mais les yeux pâles de la femme étaient fixés sur un point au-delà. Elle sourit, et sa peau mate s'éclaira. Ses cheveux, raides et noirs comme l'obsidienne, attiraient la lumière en bougeant.

— Où est le garçon ? C'en est un autre qui dort dans son lit. Et il est de faible constitution, ajouta-t-elle en caressant le chat.

La gorge de Frank se serra.

— Quel garçon ?

Elle sourit et s'avança vers lui. Sa voix douce était pareille à une brise glaciale.

— Le garçon qui vit près de ma cage. Qui m'a tirée de cette obscurité aliénante. Qui voyage dans ses rêves. Le fils indigent. J'ai récupéré quelques gouttes de son sang… Et quel sang ! conclut-elle en agrandissant les yeux.

La main de Frank se porta d'instinct dans son dos.

— Je pourrais établir sa généalogie sur plus de deux siècles. C'est un appât de choix. Son sang ranime les espoirs d'une reine desséchée. Où est ce garçon, Francis, cinquième des fils d'Amram ?

Elle fit un pas supplémentaire vers Frank, qui recula prudemment vers la chambre de papi, la main serrée sur le manche de son poignard. Il ouvrit la bouche pour hurler, pour prévenir sa femme. Aucun son n'en sortit. Sa langue était nouée.

— Tes yeux te trahissent, Francis. Tu veux le prévenir ? Il ne doit pas être loin, alors.

Frank lutta pour arracher le lien invisible qui entravait sa langue, pour résister à la torpeur qui engourdissait ses membres. Une vieille force se réveilla. Il bondit en avant et dégaina son poignard. Il était plus vieux que l'État du Kansas, plus vieux que la magie qui abritait le placard, aussi vieux que le démon qui le menaçait.

Des mots d'un autre temps montèrent dans sa gorge et dénouèrent sa langue.

Dotty semblait presque surprise d'avoir terminé son récit. On aurait dit qu'elle réfléchissait encore à ce qu'elle allait bien pouvoir expliquer à ses filles.

— Mais je croyais que ce garçon était papa, déclara Penelope. Tu ne l'as pas épousé ? Pourquoi as-tu raconté qu'il n'était resté qu'un temps ?

— Comment ? Si, bien sûr, je l'ai épousé. C'est votre papa. Mais il a quitté Henry d'abord. Il est parti à la fac de Cleveland pour étudier la littérature. Je l'ai rejoint un an plus tard.

— Que s'est-il passé ? l'interrogea Anastasia. J'ignorais que papa était le garçon. Pourquoi ne l'as-tu pas dit tout de suite au lieu de l'appeler « le garçon » ?

— Je pensais que vous comprendriez, répondit-elle en haussant les épaules. Quant au reste, Henry a découvert les petites portes dans le grenier, et avec Henrietta ils ont ouvert un passage. Votre père est à leur recherche.

— Est-ce qu'il a une idée de l'endroit où ils sont partis ? demanda Anastasia.

Elle n'obtint pas de réponse. La voix de leur père retentit soudain, et les vieilles fenêtres se mirent à trembler, le plafond à vibrer…

Chapitre quinze

Henry éternua, attendit, éternua de nouveau, puis se pressa contre une paroi. Il était près d'une ouverture. Il y avait de la lumière, au moins. Quelqu'un parlait. C'était une voix d'homme. Il termina son discours dans un éclat et fut accueilli par un tonnerre d'applaudissements.

Henry s'avança vers l'ouverture et cligna des yeux tant il était surpris par le spectacle qu'il découvrait. Il vit ce que Henrietta avait vu, même si la danse et la musique avaient changé. Ses yeux se laissèrent entraîner par les tourbillons de couleur, coururent sur les murs jusqu'aux plafonds voûtés, où des chaînes retenaient trois énormes candélabres en or qui brillaient de centaines de flammes vacillantes. Un nouvel éternuement montait, et il enfouit son visage au creux de son bras pour étouffer le bruit. Il releva la tête et examina le hall étincelant.

— Qui est là ?

C'était une voix de fille. Avec tout ce bruit, Henry ne l'avait pas encore entendue. Il se pencha en avant et sortit la tête. Aussitôt le noir se fit. Il plissa les paupières pour s'habituer à l'obscurité. Le clair de lune filtrait à travers le toit percé. Henry retourna à l'intérieur du placard. Les rires, la musique, la lumière et les danseurs revinrent aussitôt. Il passa de nouveau la tête. Le noir.

— Qui est là ? répéta la voix.

C'était l'unique bruit dans la pièce, et son écho se répercuta sur les murs, remplissant tout l'espace.

— Henrietta ? C'est toi ? Où es-tu ?

Elle éclata de rire.

— Henry ? Je suis là-bas. Le sol est pourri, je suis un peu coincée maintenant qu'il fait nuit. Tu as une lampe de poche ?

— Non.

Il sortit du placard et se retourna.

— Richard ! Richard ? Viens. Ce que tu vois n'est qu'une illusion.

Henry n'obtint aucune réponse.

— C'est qui, Richard ? demanda Henrietta.

— Richard ? Tant pis, de toute façon, ce sera plus simple sans toi.

Henry observa la salle en ruine. Il apercevait quelques étoiles et des nuages au contour incertain, il devinait des fenêtres.

— Où es-tu exactement ?

— Près du balcon.

— Où se trouve-t-il ? À côté d'une fenêtre ?

— Je vais tâcher de te rejoindre, continue à faire du bruit. Je suis forcée de ramper.

Henry s'assit, dos au vaisselier.

— Tu es complètement cinglée, tu sais ?

— Pas autant que toi.

— N'importe quoi ! Pourquoi es-tu entrée dans ce placard sans prévenir personne ? Je n'avais aucune idée de l'endroit où tu avais atterri.

Un bruit de craquement résonna dans la salle, suivi d'un énorme fracas à l'étage en dessous.

— Tout va bien ? Sois prudente.

— Ça va, mais ce n'est pas passé loin. Tu avais raison, ce n'était pas un rêve. Il y avait un petit vieux qui vivait dans la chambre de papi. Je l'ai suivi. Je suppose que tu t'en fiches, mais je suis contente que tu sois venu. Cet endroit me file les miquettes. Eli m'a dit que tout avait été détruit en une seule nuit, la nuit qu'on voit quand on est à l'intérieur du placard. Et que depuis la salle était hantée.

— Qui ça ?

— Eli. Le petit vieux. Tu m'écoutes ou pas ? Il a dit que ça faisait peur à la nuit tombée.

Henry étudia les formes noires des fenêtres avant de répondre :

— Il avait raison.

— Je me relève... Tu me vois ?

— Non.

La lumière s'alluma soudain. Henry poussa un cri et tomba sur le flanc.

— Qu'est-ce qui ne va pas ? demanda Henrietta. Oups... Je vais devoir me remettre à quatre pattes.

Henry s'assit et plaça une main au-dessus de ses yeux. Les trois candélabres, suspendus dans les airs, brillaient. La salle de bal était dans le même état de délabrement. Il n'y avait plus de plafond à l'endroit où deux des candélabres auraient dû être accrochés. Henrietta était quasiment à l'opposé : elle explorait le sol de ses mains avant d'avancer prudemment.

— Henrietta ?

— Oui ?

— Tu peux voir ?

Elle éclata de rire.

— Je pensais que mes yeux finiraient par s'habituer, malheureusement ça ne marche pas. Il fait toujours aussi sombre.

— Moi, je te vois. Je vois tout. Les lumières des candélabres se sont allumées.

Henrietta s'arrêta. Elle n'était qu'à une vingtaine de mètres de Henry, elle ouvrait de grands yeux et tournait la tête dans tous les sens.

— Je viens te chercher.

Il étudia le sol. Les plus gros trous étaient au centre de la pièce, la portion qui le séparait de Henrietta était jonchée de petites ornières et de fissures. Il avança d'un pas prudent sur les planches pourries et fendues. Elle continuait de ramper.

— Arrête-toi ! Attends un peu, j'y suis presque...

Il enjamba le dernier trou et lui toucha le dos. Elle se redressa en agitant les mains devant elle, comme une aveugle.

— Ah, je te vois maintenant. En tout cas, je distingue ta forme.

Henry regarda autour de lui pour emprunter le chemin le plus simple jusqu'au vaisselier. Quelques notes de violon s'élevèrent. Un éclat de rire. Un bruissement de tissu. Il se retourna, si brutalement qu'il faillit renverser Henrietta, et aperçut une femme brune plus petite que lui, vêtue d'une robe orange incendie, qui tourbillonnait, les bras tendus vers un partenaire invisible. Elle avait les yeux clos et semblait aux anges. D'autres danseurs apparurent, parfois seuls, parfois en couples. La musique ne se manifestait que par éclats, ce qui ne les dérangeait guère. Les froufrous emplissaient la salle de bal.

— Que se passe-t-il ? demanda Henrietta. J'ai cru entendre quelque chose.

— Les gens dansent, murmura-t-il en réprimant un frisson. Viens, je veux partir d'ici.

— J'ai de la peine pour eux.

Henry essaya de garder les yeux à la fois sur les danseurs et sur le sol. Une fois ou deux, il en percuta un. Il s'était attendu à les traverser, mais ce ne fut pas le cas. Il ressentait le choc, bien que léger, puis le danseur ou le couple s'éloignaient en virevoltant. L'un d'eux s'excusa même. Henrietta ne voyait rien de tout cela. Agrippée à Henry, elle posait les pieds là où il s'était assuré que le sol était suffisamment résistant. Lorsqu'il ne leur resta plus qu'un tiers de la distance à parcourir, la salle s'était remplie et les collisions étaient devenues pour ainsi dire inévitables. Henry tendit les bras, et les danseurs s'écartèrent sur leur passage.

— Je sens du vent…, lança Henrietta.

— Oui, ils déplacent de l'air.

Au moment où il la poussait devant lui pour la guider, les deux portes au fond de la salle s'ouvrirent en grand. Henrietta se serra contre lui.

— Qu'est-ce qu'il y a ?

Henry ne répondit pas. Comme la plupart des danseurs, il s'était figé, la tête tournée vers les portes. Une immense silhouette encapuchonnée et emmitouflée dans une peau de loup s'avança. Elle portait un mince bâton qui la dépassait en taille. À son sommet, une longue pointe étroite jaillissait entre deux lames recourbées. Des hommes râblés, plus petits que le premier, envahirent la salle.

Des cris éclatèrent. Henrietta les entendit cette fois. Elle lâcha Henry pour se couvrir les oreilles. Henry sentit la nausée familière enfler dans son estomac. Les hommes tenaient des loups efflanqués en laisse. Sur un geste de leur chef, ils les lâchèrent dans la foule. Les bêtes attaquèrent certains convives, mais ils les rassemblèrent surtout au centre de la pièce. Quelques-uns continuaient de danser, soit parce que les loups ne les avaient pas vus, soit parce qu'ils avaient été incapables de les atteindre.

Profitant du mouvement de foule, Henry pressa Henrietta : il n'avait aucune envie d'assister à la suite de la scène. Les cris et les pleurs emplissaient l'espace. Henry ne jeta pas un regard en arrière. Henrietta sanglotait lorsque Henry la plaqua contre le mur où se tenait le vaisselier. En se retournant, il aperçut un homme fuyant un loup. Il était plus grand que les autres et courait en direction du meuble. Henry tressaillit. Cet homme ressemblait à sa mère. Il ouvrit une porte du vaisselier, et le loup manqua de peu ses pieds au moment où il sautait à l'intérieur. Lorsqu'il eut disparu, la bête, qui montrait toujours les dents, balaya l'assistance du regard. Celui-ci tomba sur Henry. Son poil se hérissa, et il retroussa les babines.

— Silence !

La voix du grand homme couvrit le tumulte. Ses hommes de main rappelèrent d'un sifflement les loups éparpillés aux quatre coins de la pièce. Celui qui en avait après Henry rejoignit aussi son maître. Plusieurs centaines de personnes étaient maintenant assemblées au centre de la piste de danse. L'un des petits hommes s'échappa du groupe et se précipita vers les portes. Deux loups se jetèrent sur lui, et les cris reprirent.

— Silence !

Sa voix grondait comme le tonnerre. Il avait accompagné ses paroles d'un mouvement de son bâton qui fit éclater les grandes vitres en mille morceaux, éclaboussant la foule d'une pluie de verre.

— Depuis bien longtemps, la Sorcièreine vous épargne ! Nimiane a décidé que les temps avaient changé. Nous sommes les Sorchiens.

Henry s'efforça de ne pas écouter. De ne pas regarder. Il traîna Henrietta le long du mur et la poussa dans le placard.

— Dépêche-toi ! Ferme les yeux et passe de l'autre côté.

Henrietta s'exécuta, mais ses pieds ne disparurent pas.

— Ça ne marche pas !

Henry se faufila à côté d'elle.

— Très bien, laisse-moi faire. Quand j'aurai presque entièrement disparu, attrape ma jambe et suis-moi, les yeux fermés.

Henry agrippa la corde, qui lui resta dans la main. Son extrémité était nettement tranchée. Blottis dans le placard, ils entendirent les loups hurler et le verre voler en éclats, ils entendirent les danseurs crier et les hommes de main rire. Les voix se turent à la fin. Le plafond s'effondra et la charpente s'enflamma.

Dotty bondit de sa chaise et monta au premier en courant. Penelope et Anastasia la suivirent. Sur le palier, elle s'arrêta. La chambre de papi était toujours ouverte, mais tout paraissait normal. Elle se retourna et vit que les deux filles retenaient leur souffle.

— Ne bougez pas, chuchota-t-elle.

Elle progressa à tâtons jusqu'à la porte entrouverte. Elle aperçut Noiraud, puis les pieds de Frank. Elle s'approcha plus près et poussa le battant, qui pivota doucement sur ses gonds. Elle découvrit alors les jambes de Frank, sa poitrine, son visage. Il gisait par terre, sur le dos, et avait les yeux fermés. Un de ses bras pendait à son côté, inerte, l'autre était replié, la main serrée sur un objet au-dessus de sa hanche. Il s'agissait de son poignard. La lame dégouttait de sang. En étouffant un cri, Dotty se précipita vers lui. Elle tomba à genoux et prit son pouls.

— Dorothy...

Elle fit volte-face, et son visage se décomposa en découvrant l'identité de son interlocuteur. La sorcière caressait son chat en lui souriant, le regard perdu dans le vague.

— Maman ?

La voix d'Anastasia se faufila par la porte ouverte.

— Chut ! lui intima Penelope.

Dotty voulut crier, leur dire de fuir, mais sa langue était liée. La sorcière ricana.

— Elles ne peuvent pas t'entendre.

Son ricanement enfla, puis soudain s'éteignit. Elle fut

prise d'une quinte de toux. À chaque accès, son image vacillait et Dotty apercevait sa véritable nature : une vieille femme ratatinée et aveugle. Dotty tenta de se lever, mais atterrit lourdement à côté de Frank. Une odeur d'œuf pourri envahit ses narines, et elle se sentit étouffer. Ses coudes se dérobèrent sous elle.

— Partez..., murmura-t-elle.

Anastasia et Penelope avaient vu leur mère entrer dans la chambre de papi, puis elles avaient entendu un ricanement et une quinte de toux.

— Maman ? répéta Anastasia.

Une femme comme elles n'en avaient jamais rencontré apparut sur le seuil, un sourire triste sur le visage. Elle avait un chat dans les bras. Les deux filles reculèrent et Anastasia serra le bras de Penelope. La femme était enveloppée dans un grand manteau d'hiver gris, mais sa gorge était nue. Elle était longue et délicate. Son visage était d'une grande beauté. Sa peau était lisse, ses pommettes hautes et son nez long, comme il seyait, d'après Anastasia, à une reine. À toutes les reines.

— Les enfants, dit-elle doucement, votre père a perdu connaissance et votre mère s'occupe de lui.

— Qui êtes-vous ? demanda Penelope en déglutissant.

— Je m'appelle Nimiane et je suis une amie de votre père, je viens d'un autre royaume. Il m'a appelée à l'aide, c'est très important... Il y avait un garçon, ici. Savez-vous où il se trouve ?

— Henry ? interrogea Anastasia. Il s'est perdu dans les placards.

— Peut-on voir papa et maman ? dit Penelope.

— Bientôt. Montrez-moi ces placards en attendant. S'agit-il de ces petites portes dans la chambre au-dessus ?

— Maman ? appela Penelope. Est-ce qu'on peut entrer ?

— Chut, chut. Vous devez leur laisser quelques instants, répondit-elle en s'efforçant de poser ses yeux sur la fillette, mais en regardant juste au-dessus de sa tête.

— Votre chat n'a pas l'air en forme, dit Anastasia.

— En effet, il a été malade, mais j'ai réussi à le sauver.

Anastasia fixa le chat, puis le visage parfait de la femme.

— Qu'est-ce qu'ils ont, vos yeux ? Ils ne nous regardent jamais…

— Ils sont puissants, rétorqua Nimiane d'une voix sèche avant de se radoucir, je possède des pouvoirs magiques. Je n'ai pas toujours besoin de regarder pour voir. Alors, me montrerez-vous ces fameux placards ? J'ai des questions à vous poser à leur sujet.

Anastasia se dirigea vers l'escalier, mais Penelope resta immobile.

— Nous ne bougerons pas.

— Votre père a besoin que nous nous dépêchions. Henry ne se trouve pas dans un endroit plaisant.

— Viens, Penelope, on n'en a pas pour longtemps.

— Maman ? On monte dans le grenier… On revient tout de suite.

Nimiane laissa Penelope passer devant elle. Son pas n'avait rien de léger et son chat semblait lui peser. En tirant la porte à double battant de la chambre de Henry, Anastasia s'écria :

— Oh, j'avais oublié Richard ! Il dort encore.

— Qui ça ? demanda Penelope, qui était restée en retrait.

En se penchant, elle aperçut le visage du garçon. Il était gris, et une tache violette ornait son front.

— Il n'a pas l'air endormi, reprit-elle. Est-ce qu'il va bien ?

Elle posa une main sur sa joue.

— Il est gelé. Et son cœur bat à peine, ajouta-t-elle en prenant son pouls.

— Son sommeil est très profond, les rassura Nimiane.

Voyant que les deux sœurs ne semblaient guère se satisfaire de cette explication, elle étendit un bras gracieux vers Richard.

— Il bat plus vite, maintenant, dit Penelope.

— Ces portes, comment les utilise-t-on ? reprit Nimiane.

— Je croyais que vous veniez de l'un des placards, répliqua Anastasia.

— En effet. J'ai trouvé un passage. Il était minuscule, mais j'ai vaincu l'obscurité pour questionner les anciens, et mon propre père m'a appris comment l'emprunter. Henry est incapable de recourir au même procédé. Je doute qu'il ait de tels pouvoirs magiques.

— Nous ne savons pas comment on les utilise, répondit Penelope. Maman nous a juste expliqué que Henry et Henrietta étaient coincés dans l'un d'entre eux.

— Je crois qu'il faut faire tourner les gros boutons sur la porte du milieu..., commença Anastasia.

Penelope lui décocha un regard noir dans le dos de la sorcière et lui indiqua de se taire. Sa petite sœur s'interrompit aussitôt. Penelope recula à pas feutrés vers la porte.

— Continue, lança Nimiane.

— C'est tout. Je crois que ce sont ces boutons-là qui font tout...

Nimiane s'approcha du mur et passa ses mains sur les portes.

— C'est puéril... et si maladroit. Tu es donc derrière l'une de ces portes, jeune fils indigent ? Le sang de Mordecaï serait caché dans un placard ?

Elle leva une main et prononça un mot étrange, aux sonorités rugueuses. Les portes s'ouvrirent toutes d'un seul mouvement. Penelope attrapa Anastasia par le poignet et l'attira à l'extérieur de la chambre. Elles se précipitèrent dans l'escalier et dévalèrent une grande partie des marches sur les fesses. La sorcière les appela en hurlant, mais elles avaient déjà atteint le palier, le chat noir sur les talons.

— Maman ! cria Penelope. Maman !

Elles déboulèrent dans la chambre de papi ; Noiraud se redressa et attaqua son congénère en crachant. Dotty était allongée sur le flanc, à côté de Frank. Sa peau était pâle et elle avait les lèvres bleues.

— Maman ? appela Anastasia. Penelope ! Est-ce qu'ils sont morts ?

Le chat noir battit en retraite, et Noiraud le suivit hors de la pièce. Penelope s'était agenouillée près de ses parents. Des bruits de pas résonnèrent dans l'escalier.

— Elle arrive, Penelope.

— Ferme la porte !

Anastasia attrapa Noiraud par la peau du cou, puis claqua la porte derrière elle et vérifia ensuite qu'elle était bien close. Penelope prit le pouls de sa mère, puis de son père.

— Ils sont vivants, finit-elle par déclarer. Tu entends quelque chose ?

Anastasia colla son oreille contre le battant. Penelope fit rouler sa mère sur le dos et écarta les mèches de cheveux de son visage. Ses yeux étaient ouverts, mais ses pupilles n'étaient pas plus grandes que des têtes d'épingle.

La porte trembla sur ses gonds.

Chapitre seize

Son gant sur la tête, sa batte dans la main gauche et une balle dans la droite, Zeke cheminait. Tout en avançant, il laissait rebondir la balle sur la batte, une, deux, trois, autant de fois que possible, puis la rattrapait. Son record était de treize rebonds en marchant, vingt-deux à l'arrêt. Il se rendait chez Frank et Dotty. Il était encore tôt, mais il voulait avoir le temps de s'entraîner et d'emmener Henry à la ferme abandonnée des Smythe, en dehors de la ville. Il voulait lui montrer la vieille voiture dans l'écurie et les outils rouillés dans la grange avant le début du match. En arrivant au pied des marches menant à l'entrée de la maison, il s'arrêta. Douze, treize, quatorze, quinze rebonds avant que la balle ne ripe sur le côté de la batte et n'aille atterrir dans l'herbe. Il la ramassa et monta. Le téléphone sonnait à l'intérieur.

— Henry ? Madame Willis, Henry est-il là ? appela-t-il en frappant.

Le téléphone continuait de retentir. Zeke poussa la porte.

— Madame Willis ?

Un chat noir, qui dévalait l'escalier, s'arrêta soudain et le fixa. Zeke cria de nouveau, plus fort cette fois. Le téléphone se tut et il entendit un bruit à l'étage. Il monta sur la première marche et tendit l'oreille. Le chat ne bougeait pas.

— Il y a quelqu'un ? cria-t-il.

Il crut entendre les filles. Il valait mieux attendre une minute avant de monter. Il se pencha pour gratter le chat derrière les oreilles, mais découvrit une large zone pelée sur sa tête qui s'étendait sur son dos, ses flancs et sa poitrine, et qui suintait par endroits. Zeke fut surpris de ne pas l'avoir remarqué plus tôt. L'animal n'avait pas de collier.

— Je ne suis pas certain que tu sois autorisé à être là. Mme Willis t'emmènerait probablement chez le vétérinaire si nous en avions un en ville, parce qu'elle est gentille.

Le chat ouvrit la gueule pour cracher. Zeke recula et posa sa batte sur le dos de la bête.

— Allez, dit-il en la tapotant gentiment.

Le chat fit volte-face pour remonter, mais Zeke glissa la batte sous son ventre et le força à descendre les marches. Une fois qu'il fut retombé sur ses pattes, le félin tenta de contourner Zeke pour lui échapper, mais ce dernier fut plus rapide et le contraignit, toujours à l'aide de sa batte, à sortir de la maison. Il referma la porte d'entrée sur lui. Zeke s'était attendu à le voir détaler, et il fut donc surpris de l'entendre gratter à la porte. Tout en frottant les griffures sur ses mollets, il cria :

— Bonjour ! Est-ce que je peux monter ? Henry est là ?

Cette fois-ci, il entendit distinctement une voix, bien qu'étouffée.

— Reste en bas !

— C'est toi, Penny ? demanda-t-il comme le téléphone se remettait à sonner. J'attends, ajouta-t-il en s'asseyant sur la dernière marche.

Mais il n'avait aucune patience. Lorsque la sonnerie s'interrompit, il se releva.

— Je monte ! J'irai directement dans la chambre de Henry !

— Non !

Cette fois, c'était Anastasia.

— Pourquoi ? Est-ce que Henry est là ?

— Non, il n'est pas là ! répondit Penelope.

— Anastasia ?

— Oui ?

— Où est ta mère ?

— Avec nous.

— Tout va bien ?

Anastasia ne répondit pas. Penelope non plus. Puis l'une d'entre elles hurla.

Zeke se précipita au premier.

Penelope et Anastasia étaient assises à côté de leurs parents. Un souffle rauque s'échappait de la gorge de Dotty. La respiration de Frank était plus facile, mais la mare de sang à côté de lui, sur le tapis, ne cessait de s'élargir. La porte trembla de nouveau.

— Vous êtes bien jeunes pour savoir vous enfermer ainsi. Quelqu'un vous y a-t-il aidées ?

Anastasia plaça son œil contre le petit trou. Elle découvrit les pupilles du chat noir. Nimiane partit d'un éclat de rire qui se transforma en une quinte de toux inextinguible. Lorsqu'elle parvint à l'arrêter, elle reprit la parole.

— Votre sang m'est familier, mais il n'est pas suffisamment puissant pour produire pareille magie. J'ai rencontré votre sœur, et elle était faible. Est-elle avec Henry ?

Anastasia ouvrit la bouche pour répondre, mais Penelope lui donna une bourrade et lui fit signe de se taire en posant un doigt sur ses lèvres.

— Je n'ai pas besoin de votre réponse. Le sang de Henry est bien plus vigoureux. Il m'a suffi d'un peu de sa vie.

Ses intonations étaient dures. La porte fut, de nouveau, secouée de spasmes. Le plâtre autour se fissura.

— J'ai connu votre mère. Je l'ai rencontrée avant qu'elle

ne devienne vieille et grosse. Son sang coule dans vos veines et vous affaiblit. Francis était plus audacieux. Nous verrons bien si elle se réveille ou si le sommeil la garde prisonnière. Je me rappelle votre aïeul, aussi, qui repose désormais sous terre. J'ai même connu l'aïeul de votre mère. Votre famille a perturbé le repos de ma mère dans l'obscurité glaciale, il y a bien longtemps. C'est toujours à cause de votre famille… Je croyais que le passage avait été perdu, mais le trouble est revenu. Où est ce garçon qui m'a piquée ? Cet Henry ? Je ne sens pas sa présence.

Elle se tut. Les filles entendirent la sonnerie du téléphone au rez-de-chaussée. Anastasia appliqua de nouveau son œil contre la serrure et vit que Nimiane posait le chat par terre. Il fila aussitôt en bas.

— Elle ignore ce qu'est le téléphone, chuchota-t-elle à l'attention de Penelope. Elle a demandé au chat de le découvrir.

La femme toussa, et Anastasia aperçut alors son vrai visage. Elle n'avait pas d'yeux. À la place, il y avait des plaies enflées et rouges, et tout autour des traces de griffures. Elle avait des cheveux noirs, coupés à ras. Anastasia entendit la porte d'entrée. Quelqu'un criait.

— C'est Zeke, chuchota Penelope. Il ne doit pas monter.

— Penny, elle n'a pas d'yeux. Elle doit être aveugle. C'est pour cette raison qu'elle sent notre sang, à ton avis ?

— Reste en bas ! cria Penelope.

Elles s'assirent et attendirent. Zeke appelait leur mère.

— Il ne t'a pas entendue.

— Reste en bas ! répéta-t-elle.

— Le téléphone s'est arrêté. Tu crois qu'il a répondu ?

— Zeke ne décrocherait jamais chez les autres. J'espère qu'il va partir.

— Penny, tu crois qu'elle mentait quand elle disait que maman risque de ne pas se réveiller ?

Elles se tournèrent vers Dotty, qui respirait lentement. Noiraud s'était installé sur son ventre.

— Je suis sûre qu'elle va s'en sortir, mais papa, je ne sais pas. Il y a beaucoup de sang, il y en a même qui sort de sa bouche.

Elles entendirent encore Zeke. Le chat de la sorcière crachait. Noiraud s'approcha de la porte, et Anastasia y colla l'oreille.

— Elle est brûlante, dit-elle en s'écartant aussitôt.

Elle se pencha pour regarder par la serrure, mais le trou avait été comblé. Elle chercha un instrument pour le déboucher.

— Qu'est-ce que Zeke fiche encore en bas ? Il faut vraiment qu'il s'en aille, marmonna Penelope.

La sonnerie du téléphone résonna de nouveau.

— Penny, je crois qu'elle veut faire brûler la porte.

— Reste en bas !

— Arrête de t'inquiéter pour Zeke. Nous devons trouver une solution.

— Je ne veux pas qu'il lui arrive du mal.

— Parce que tu l'aimes bien.

— Comme tout le monde. Et même si ce n'était pas le cas, ce ne serait pas une raison pour laisser une sorcière lui jeter un sort.

— Parce que tu es amoureuse de lui.

— Tais-toi, Anastasia ! Ce n'est vraiment pas le moment.

— Il faut décider ce qu'on fera si la sorcière ouvre la porte.

— Je ne vois vraiment pas quoi. De toute façon, elle n'y arrivera pas, papa n'a jamais réussi.

Anastasia enfonça son petit doigt dans la serrure avant de répondre :

— Papa n'est pas un sorcier.

— Peut-être, mais il a utilisé une tronçonneuse.

— Je monte ! J'irai directement dans la chambre de Henry !

— Non ! cria Anastasia.

— Pourquoi ? Est-ce que Henry est là ?

— Non, il n'est pas là ! dit Penelope.

— Anastasia ?

— Oui ?

— Où est ta mère ?

— Avec nous.

— Tout va bien ? hurla Zeke.

Les sœurs entendirent un grattement derrière elles. Une des fenêtres était ouverte, et le chat noir tentait de s'y faufiler. Les hurlements du chat se mêlèrent à ceux de Penelope tandis qu'Anastasia repoussait la tête du chat pour fermer la fenêtre. Il lui mordit la main et planta ses griffes dans son poignet. Elle tendit le bras par la fenêtre pour lui faire lâcher prise, mais il s'enroula autour de son bras. Noiraud prit part à la lutte.

Anastasia réussit à retirer son bras, et les deux bêtes roulèrent sur le toit. Noiraud se libéra des griffes de l'autre bête et remonta vers elle. Dès qu'il fut à l'intérieur, elle referma la fenêtre, puis s'assit sur le lit en ravalant ses larmes. Noiraud léchait ses propres blessures. Le chat noir colla sa tête contre la vitre, puis se détourna.

— Qui êtes-vous ?

La femme qui se trouvait sur le palier sourit à Zeke. Elle avait des cheveux longs et noirs qui captaient la lumière. Ses yeux pâles avaient beau être du gris le plus joli, à moins qu'ils ne fussent verts ou bleus, ils avaient quelque chose d'étrange.

— Je suis la marraine des filles. Je suis ici pour quelques jours.

Elle avait une voix si envoûtante qu'il aurait voulu qu'elle continue à parler. Il descendit d'une marche et elle ne le suivit pas du regard, en tout cas pas immédiatement.

— Pourquoi ne m'avez-vous pas répondu quand j'ai crié ?

— Je ne t'ai pas entendu.

Zeke la dévisagea plus attentivement. Elle était parfaite, mais il lui semblait qu'il n'apprécierait guère qu'elle tente de le toucher.

— Henry est là ? demanda-t-il. Pourquoi les filles ne voulaient-elles pas que je monte ?

— Elles prenaient leur bain, et le chat leur a fait peur.

Zeke ne comprenait pas bien ses explications, mais il ne discuta pas. Il réitéra sa question :

— Henry est là ?

— Je me le demandais justement. Je le cherche. J'ai quelque chose pour lui. Viens, je vais te le remettre. Tu pourras le lui donner de ma part.

— Zeke ? Ça va ?

Penelope était derrière la porte.

— Oui, très bien.

— La sorcière est partie ? ajouta Anastasia.

Zeke examina la porte endommagée puis la belle femme qui se tenait devant lui. Elle souriait toujours.

— Votre marraine est là.

— Qui ? s'écrièrent les deux sœurs à l'unisson.

— Votre marraine.

— Ce n'est pas du tout notre marraine ! dit Anastasia. Va-t'en, Zeke, vite ! C'est une sorcière, et elle a déjà jeté un sort à maman et à Richard ! Et papa est blessé !

Il descendit d'une marche supplémentaire. La femme ne remarqua toujours rien, elle souriait à l'endroit où il se trouvait quelques secondes auparavant.

— Nous avons joué à un tas de jeux, aujourd'hui, lança-t-elle en éclatant de rire.

Son rire incroyablement agréable retenait Zeke. Mais soudain elle se mit à tousser, et l'estomac du garçon se serra en apercevant sa vraie nature. Ses cheveux avaient disparu, et il ne comprenait pas ce qui lui servait d'yeux. L'apparition ne dura qu'un instant. Bientôt la sorcière fut de nouveau belle et riante. Il gravit à pas de loup les quelques marches qui le séparaient du palier et se plaqua contre le mur opposé, celui qui jouxtait l'escalier menant au grenier. Il serrait sa batte. Elle regardait toujours dans la direction de l'escalier.

— Sais-tu..., chuchota-t-elle avant de s'interrompre.

Ses narines se dilatèrent légèrement, puis elle tourna lentement la tête vers Zeke et posa son regard juste au-dessus de sa tête.

— Connais-tu un autre moyen d'entrer dans la chambre ? murmura-t-elle. Elles se sont enfermées. Henry pourrait peut-être nous aider... Nous n'avons qu'à le chercher ensemble.

Elle fit un pas prudent vers Zeke, puis un autre. Il glissa légèrement sur le côté gauche. Elle huma l'air, puis changea de direction.

— Il y a certaines portes qu'on ne peut ouvrir qu'avec le sang d'un garçon, dit-elle en brandissant un petit couteau.

Il la contourna en sautant sur l'escalier du grenier, puis en redescendant derrière elle. Il la bouscula au passage et elle agita son bras armé, mais trop lentement. Elle ne cherchait plus à dissimuler le mouvement de ses narines.

— Misérable ! Tu as torturé mon chat, et maintenant... tu te joues de mes yeux ! Une petite coupure au doigt aurait suffi, mais je vais te découper. J'entreposerai tes morceaux dans un recoin obscur, et ils serviront de nourriture aux fées. Je te laisserai suffisamment de vie pour que tu souffres.

Zeke reculait toujours, les deux mains serrées sur sa batte. Elle s'interrompit soudain.

— Les fées ? Les fées ! Mon esprit est si embrumé que j'ai raté un enchantement de fées !

Elle tourna le dos à Zeke et s'avança vers la porte close.

Henry ouvrit les yeux et chassa les cheveux de Henrietta qui étaient entrés dans sa bouche. Il sentait de l'air sur son visage, ce qui n'était pas arrivé depuis qu'ils s'étaient réfugiés dans ce placard. Henrietta, qui dormait à poings fermés, se retourna. Il faisait moins sombre que précédemment. Henry avait les membres raides. Il se redressa sur un coude. Ses pieds étaient près de l'ouverture du placard : à travers elle, il distingua la pièce en ruine, vide, éclairée par la lumière du jour. Mais le souffle d'air ne provenait pas de cette direction. Il caressait son crâne, à l'opposé de l'ouverture.

Henry se remit sur le dos et tendit les bras au-dessus de sa tête. Ses mains disparurent dans le noir. Il agita les doigts et sentit la brise. Elle était plus froide qu'à l'intérieur du placard. Il passa sur le ventre et rampa. Henrietta poussa un grognement. Le placard était ouvert, mais il ne permettait pas de revenir dans la chambre de papi. L'ouverture était à peine assez large pour sa tête.

Henrietta lui donna un coup de pied dans son sommeil. Il le lui rendit et avança autant qu'il le pouvait. Son front et ses yeux émergèrent à la lumière, ses épaules restèrent bloquées. Il reconnut son lit. Sa tête dépassait par une ouverture dans le mur de sa chambre, et il regardait Richard.

— Hé ! Richard ! Réveille-toi, abruti !

Il ne bougea pas d'un pouce. Henry prit une profonde inspiration pour pousser un cri qui ferait trembler la maison sur ses fondations, mais il le retint. Toutes les portes du mur étaient ouvertes. Sans exception. Il ne pouvait pas voir celles qui étaient au niveau du sol, mais il sentit son estomac se nouer.

Le placard d'Endor était ouvert.

Il examina Richard. Quelque chose clochait. Henry voyait qu'il respirait, mais sa peau était grise.

— Richard ! l'appela-t-il doucement. Richard, réveille-toi. Richard ! Annabee est là ! Vite ! Réveille-toi !

Il remua une main.

— Richard !

La voix de Henry se faisait pressante, autant par inquiétude que par claustrophobie. Il s'appliqua pour cracher. Sa salive atterrit sur le lit et éclaboussa seulement le menton de Richard. Henry répéta l'opération, et cette fois son crachat s'écrasa sur le front de Richard.

Henry retint son souffle. Richard se retourna et se mit à ronfler. Henry ne se découragea pas, mais Richard ne se réveillait toujours pas.

— Allez ! S'il te plaît !

Enfin Richard ouvrit de grands yeux sur Henry.

— Je me sens mal, dit-il.

— Viens me sortir d'ici et je te trouverai un remède.

— Pourquoi ai-je le visage mouillé ?

— Aucune idée. Lève-toi pour m'aider.

— Qu'est-ce que tu fais ? soupira Richard en refermant les yeux.

— Non, Richard ! Lève-toi ! J'ai retrouvé Henrietta.

Richard s'assit au pied du lit.

— Que veux-tu que je fasse ?

— Je veux que tu entres la bonne combinaison. Pour qu'on puisse ressortir dans la chambre de papi.

— Je ne la connais pas.

— Tu étais avec moi quand j'ai réglé les boutons ! Attends

une seconde… et ne te rallonge pas ! Je vais consulter le journal de papi.

Henry rebroussa chemin jusque dans la salle de bal. Il examina les alentours avant d'extraire le livre de son sac à dos.

— Que fais-tu ? demanda Henrietta, qui venait de se réveiller.

— Je nous tire de ce mauvais pas. Attends. Descends que je puisse atteindre le fond plus facilement.

Henrietta s'exécuta et s'étira en grommelant.

— Debout, Richard ! Très bien, alors la voici… Non ! Ne l'entre pas immédiatement ! Je risquerais de perdre la tête…

Henry rejoignit Henrietta en souriant.

— On y va.

Elle observait le plafond. Il leva les yeux.

— Je ne veux plus jamais voir cet endroit.

Elle ne répondit pas. Henry grimpa dans le placard en premier, Henrietta le suivit.

*

*   *

La sorcière fit courir ses doigts sur le battant de la porte et sur son cadre. Zeke se dirigea vers l'escalier. Elle sentit qu'il avait bougé, mais garda les mains sur le bois.

— Ce sont les fées qui l'ont fermée ! Une puissance si inférieure à la mienne que je n'y ai pas pensé.

Elle recula d'un pas et tendit ses bras devant elle. Un grondement roula dans sa gorge et la porte s'ouvrit violemment, envoyant Anastasia valdinguer. Penelope ouvrit la bouche mais fut incapable de crier. Henry, qui venait de pénétrer dans la chambre, s'immobilisa ; il ne parvenait pas à comprendre ce qu'il découvrait. La sorcière s'avança et huma l'air de la pièce.

— Henry…, ton sang coulera bientôt dans mes veines et me fortifiera.

Henrietta poussa Henry par-derrière pour sortir à son tour du placard.

— Maman ?

N'ayant cure de la sorcière, elle se précipita vers sa mère. C'est alors qu'elle aperçut son père.

— Il est mort ? s'écria-t-elle. Penelope, il est mort ?

Elle n'attendit pas de réponse. Elle se jeta sur la sorcière, lui planta une épaule dans le ventre et lui fit perdre l'équilibre. En deux enjambées, Henry fondait sur Nimiane, l'atteignant aux côtes. Tous trois chancelèrent dans le chambranle.

Henry décocha un coup de tête aussi violent que possible et joua des poings à l'aveuglette. Il sentit deux mains inhumaines se serrer sur sa gorge. Son pouls s'accéléra et, l'espace d'un instant, son corps et son esprit ne lui répondirent plus. La sorcière voulut reculer et se prit les pieds dans le trou causé par la tronçonneuse. Elle tomba, entraînant dans sa chute Henry et Henrietta. Zeke était déjà en position. Il plia les genoux, pivota le buste et tendit les bras. Il abattit le bout de bois avec une force et une rapidité inédites. Avant que les trois corps ne touchent terre, la batte de Zeke s'écrasait sur la tempe de la sorcière.

La maison fut plongée dans le silence.

Henrietta se débattit pour se libérer du poids de Henry. Elle se releva en tremblant, les joues inondées de larmes.

— Henry ? appela Zeke en lâchant sa batte dont l'extrémité fumait. Henry !

La sorcière inerte apparaissait désormais sous son véritable jour : rabougrie, sans yeux et chauve. Henry était allongé sur elle, sa joue contre la sienne. Zeke le prit par les épaules et le traîna dans la chambre. Le sang de Nimiane lui avait éclaboussé le menton.

— Il respire, déclara-t-il.

Un énorme vacarme envahit le palier. Zeke se retourna en agrippant sa batte.

— Qu'est-ce que c'est ? demanda-t-il.

— Richard… Il est tombé dans l'escalier, répondit Anastasia.

Sur le porche, le chat noir, qui grattait à la porte, se détendit. Les chats aspirent rarement à retrouver la liberté. La plupart d'entre eux – même lorsqu'ils sont choyés – ne la perdent jamais. Celui-ci ignorait qu'il avait été tenu en esclavage. En revanche, il avait soif et il sentait la présence de souris dans la grange et de rainettes dans les hautes herbes. Il ignorait qu'on l'avait ensorcelé. Que l'intérieur de sa tête ne lui avait jamais appartenu, qu'une femme avait vu le monde à travers ses yeux, qu'il n'avait pas de nom. Pourtant, quelque chose venait de changer. S'il l'avait su, il aurait pris ses pattes à son cou et il aurait couru, couru, couru jusqu'à l'épuisement. Au lieu de quoi, il se détourna lentement de la porte, s'étira, chassa les chardons pris dans ses poils et se dirigea vers la grange pour trouver à boire et un endroit où s'allonger.

— Qu'est-ce qu'on va faire maintenant ? demanda Anastasia.

— On doit appeler le shérif, répondit Penelope.

— Pas tant qu'elle est là, intervint Henrietta. On ne peut pas expliquer sa présence.

— Je ne sais même pas ce qui se passe, lança Zeke. Elle a essayé de me poignarder. C'est une vraie sorcière, n'est-ce pas ?

— Une sorcière morte, rectifia Penelope.

— Je ne crois pas, dit-il. Je l'ai seulement assommée. Elle respire encore.

Ils se tournèrent vers le corps étendu au sol. Sous le manteau gris, la poitrine se soulevait lentement.

— On devrait la tuer.

— Ça ne va pas, la tête ? On ne peut pas faire ça, Anastasia ! s'emporta Penelope. C'est affreux. On ne tue pas quelqu'un qui a perdu connaissance. Comment t'y prendrais-tu, de toute façon ?

— Eh bien, elle a blessé papa avec son couteau et elle voulait l'utiliser contre Zeke. On n'a qu'à le lui planter dans le cou.

— On ne peut pas la tuer, reprit Penelope. Zeke, explique à Anastasia que ce serait horrible.

— Je ne comprends rien du tout, répondit-il en regardant tous les corps, je sais seulement que nous avons besoin d'une ambulance.

Zeke avait placé Henry à côté de Frank. Il traîna Richard, qui délirait dans un état de semi-inconscience, et l'installa près de Dotty. Il s'était cassé le poignet.

— La sorcière risque de se réveiller, reprit Zeke.

— Je voudrais du taffetas, marmonna Richard. Jaune.

Anastasia renifla bruyamment.

— Tu n'es pas forcée de regarder, Penny. Je peux me charger de la tuer.

— Certainement pas. Tu ne saurais même pas comment t'y prendre. Va appeler une ambulance, plutôt. Dis-leur qu'il y a eu un accident et qu'un homme a été poignardé.

— Il suffirait que je lui enfonce le couteau dans la nuque, lança l'intéressée en descendant. Elle va se réveiller et, lorsque ça arrivera, on aura l'air malin…

Penelope l'ignora.

— Nous pourrions l'enfermer dans le sous-sol, suggéra-t-elle.

Henrietta, qui était assise à côté de sa mère, était restée silencieuse.

— Mettez-la dans le placard, dit-elle calmement.

— C'est une mauvaise idée, répondit sa grande sœur. On ne sait pas où on l'enverrait. Des innocents risqueraient de souffrir à cause de nous.

— On n'a pas vraiment le choix. C'est ça, ou Anastasia lui tranche le cou.

— Je ne comprends rien du tout. Pourquoi la mettrait-on dans un placard ? interrogea Zeke.

— Ce n'est pas un vrai placard, il sert de passage vers d'autres endroits, expliqua Henrietta. C'est comme ça qu'on est revenus, avec Henry.

Zeke haussa les épaules.

— Si tu le dis... C'est toi qui décides, Penelope. La situation est trop compliquée, et on n'a pas de temps.

— Très bien, alors, mettons-la dans le placard.

— Je vais changer de combinaison, lança Henrietta.

— Pourquoi ? demanda Penelope. Vous venez de quelque part, non ? Pourquoi n'irait-elle pas là ?

Henrietta s'arrêta dans son élan et secoua la tête.

— Non, cet endroit est déjà assez triste comme ça.

Zeke prit la sorcière par le bras et, avec l'aide de Penelope, la traîna jusqu'au placard.

Il régnait une atmosphère étrange et glaciale dans la chambre de Henry avec toutes les portes ouvertes. Henrietta aperçut un minuscule carré de soleil couchant par l'une d'elles, et un clair de lune par une autre. Le reste était plongé dans l'obscurité. Des brises aux parfums différents soulevaient ses cheveux. Elle avait l'impression que la pièce respirait, l'air sortait par certaines portes et entrait par d'autres, comme dans un poumon. Un nuage de poussière s'échappait d'une petite ouverture en haut du mur, et Henrietta entendait des voix qui chantaient et qui riaient, des cliquetis de verres et de couverts. Elle contourna le lit et s'agenouilla devant la porte noire. Elle la referma et poussa le pied du lit contre. Puis, en commençant par le côté droit, elle referma toutes les portes qu'elle pouvait atteindre. Lorsqu'elle atteignit le milieu du mur, elle s'interrompit. La porte avec la serrure à combinaison était ouverte elle aussi. Il y avait quelque chose à l'intérieur. C'était un petit animal gris foncé à la respiration heurtée. Henrietta le prit dans ses bras. Il s'y abandonna comme un chiot maladroit. Il avait des ailes.

— Vas-y ! lui cria Zeke depuis la chambre de papi. Fais ce que tu as à faire !

Coinçant l'animal sous un bras, Henrietta referma la porte. D'un mouvement vif, elle tourna les boutons.

— Je crois que c'est bon ! hurla Zeke. On dirait qu'il n'y a pas de fond.

Elle sortit en trombe et déboula dans la chambre de papi au moment où Zeke enfournait la tête de la sorcière dans le placard. Personne ne lui prêta attention. Anastasia était postée derrière Zeke, le couteau à la main.

— Qu'est-ce que tu fabriques ? lui demanda Penelope.

— Je veille, au cas où elle se réveillerait.

— Tu ne devrais pas garder ce couteau.

— Pourquoi ?

— Parce qu'il est sans doute ensorcelé.

Anastasia pesa ses mots avant de répondre :

— Peut-être que c'était un bon couteau, qu'elle lui a jeté un sort mais qu'il est redevenu bon maintenant.

— Tu n'en sais rien !

— Et toi non plus !

— Est-ce que quelqu'un pourrait pousser ses jambes ? intervint Zeke.

Penelope se pencha. Elle frissonna aussitôt.

— Elle est glacée.

— Oui. Je crois qu'elle va mourir, en fait. À moins qu'elle ne soit toujours comme ça. Il faut que tu nous aides aussi, Anastasia.

— Mais je monte la garde.

— Pose ce couteau, lança Penelope en la fusillant du regard.

Anastasia n'en avait aucune envie, pourtant elle obéit. Elle déposa le poignard sur une étagère. Lorsqu'ils eurent réussi à enfoncer la sorcière jusqu'à la taille, Zeke vint se placer derrière les deux sœurs et la prit par les chevilles. Il s'agenouilla et appuya sur ses pieds jusqu'à ce qu'ils aient entièrement disparu.

— Je n'ai jamais rien fait d'aussi bizarre. Ni vu, d'ailleurs, ajouta-t-il en récupérant le poignard sur l'étagère et en le jetant dans le placard.

— Hé ! s'écria Anastasia.

Des sirènes retentissaient au loin.

— Ça y est, Henrietta, dit Zeke. Est-ce qu'il y a un moyen de l'empêcher de revenir ? Qu'est-ce que tu tiens ?

Henrietta remonta sur-le-champ. Elle modifia la position des boutons et les fixa pour se rappeler la combinaison. Elle ne voulait pas perdre cet endroit. Elle régla les boutons avant de redescendre. Anastasia avait l'air soucieux, et Penelope caressait les cheveux de leur père.

— Elle est partie, déclara Zeke. Quelque part.

Les sirènes étaient de plus en plus fortes.

Chapitre dix-sept

Les médecins de l'hôpital du coin eurent fort à faire. Deux ambulances leur apportèrent quatre patients qui venaient tous de la même maison. Francis Willis était soigné pour une blessure au flanc, une commotion cérébrale et un collapsus pulmonaire. Dorothy Willis, elle, souffrait d'un empoisonnement du sang. Henry York avait des brûlures à la mâchoire, une légère fracture crânienne et une commotion cérébrale. Quant à Richard Hutchins, son poignet présentait de multiples fractures.

Penelope, Henrietta et Anastasia Willis furent interrogées séparément, tout comme Ezekiel Johnson. Ils racontèrent la même histoire, et l'officier de police en charge des entrevues la colporta dans les semaines suivantes. Ce qui arrangea tout le monde.

Frank Willis aurait fait une chute dans l'escalier alors qu'il était muni d'un couteau. Il s'était blessé mais, fort heureusement, Richard, leur cousin anglais, s'était seulement cassé le poignet. Toute la maisonnée aurait alors accouru, notamment Dotty, qui était occupée à faire frire du bacon. Elle aurait pris la poêle avec elle et, en apercevant le couteau planté dans le ventre de ce bon vieux Frank, elle se serait aussitôt évanouie. Henry, un autre parent de la famille, aurait tenté de la retenir, réussissant seulement à s'assommer sur une poignée de porte dans la manœuvre. Malgré tout, l'évanouissement de Dotty avait eu du bon puisqu'il avait permis de découvrir qu'elle souffrait de septicémie.

Frank sortit le dernier de l'hôpital. Dotty vint le chercher avec la camionnette et le conduisit prudemment à travers les routes de campagne jusqu'à Henry. Ils pénétrèrent dans l'enceinte de la ville aussi discrètement que le leur permettait leur véhicule, dépassèrent la gare routière bleu piscine et le vieux terrain de baseball avant d'atteindre leur grande maison.

Cette nuit-là, le vent apporta des nuages noirs et la pluie tomba obliquement. C'est trempé que Zeke arriva pour le dîner – Penelope lui avait tout raconté. La famille s'installa autour de trois pains de viande. À la fin du repas, Dotty lança un regard interrogateur à Frank, qui acquiesça et posa sa fourchette.

— Bien, bien, dit-il en passant les convives en revue. Il s'agit donc d'une réunion officielle. C'est ici que s'achève officiellement notre aventure. Fini, l'exploration des placards !

— Mais je ne suis jamais passée de l'autre côté, se révolta Anastasia. Pas une seule fois.

Frank lui sourit.

— Je sais, mais c'est ainsi. Penny, tu auras ta propre chambre. Ta mère et moi, nous allons nous installer dans celle de papi.

Les enfants piquèrent du nez dans leur assiette et Dotty rougit.

— Frank, dit-elle, personne ne se souvient comment c'est arrivé, mais dans la panique la porte s'est refermée.

— La porte de papi ? Elle est verrouillée ?

— Oui..., répondit Dotty en souriant.

— Henrietta a la clé, répliqua Henry en la regardant.

— Je l'avais, mais c'était il y a longtemps. Quelqu'un l'a vue ?

Anastasia posa ses coudes sur la table.

— Et elle cache un bébé rhinocéros dans la grange.

Henrietta soupira.

— Ce n'est pas un rhinocéros. Ça y ressemble, mais c'est beaucoup plus petit.

— Et il a des ailes. Je l'ai suivie hier, elle lui donne de la nourriture pour chats.

Zeke se tourna vers Henrietta.

— C'était ça que tu portais l'autre jour ?

Elle acquiesça.

— Puisque nous sommes tous réunis, lança Frank, va le chercher.

Quand Henrietta revint dans la salle à manger, elle était trempée comme une soupe. Ses bras enveloppaient un petit animal gris avec de minuscules yeux noirs brillants. Elle le déposa sur la table et se rassit. Il se hissa sur ses quatre pattes et parcourut du regard la tablée. Il avait exactement la forme d'un rhinocéros, mais mesurait à peine cinquante centimètres de long et était pourvu d'ailes. Il avait une petite corne émoussée, fendue à l'extrémité. Son ventre touchait presque terre, comme celui d'un basset.

— Je ne lui ai pas encore donné de nom. Et je n'arrive pas à le faire voler.

— J'espère que tu ne t'imagines pas que tu vas le garder ? demanda Dotty.

Frank s'était penché pour plonger ses yeux dans ceux de la bête. Il souriait.

— Tu ne serais pas à ma recherche, dis ?

— Qu'est-ce que c'est ? l'interrogea Zeke.

Frank se carra dans sa chaise.

— C'est un rigon.

— Un quoi ? s'écria Dotty.

— Un rigon. Je n'en ai vu que deux auparavant. Dans certains endroits, comme celui d'où je viens, on les envoie sur les traces de ceux qui ont disparu. On ne peut les utiliser qu'une seule fois. Lorsqu'ils ont retrouvé le disparu, ils restent à ses côtés jusqu'à leur mort. D'où vient-il ? ajouta-t-il à l'attention de Henrietta.

— Il était dans le placard avec les gros boutons. Il a dû taper contre la porte, sa corne est tout abîmée. Il était quasiment mort quand je l'ai sorti. Il bougeait à peine.

Henry éclata de rire.

— C'est toi qui as fissuré le plâtre ! Tout cela est arrivé à cause de toi !

Le rigon regarda Henry dans les yeux et s'ébroua. Il s'avança vers lui, leva une de ses pattes avant et se pencha jusqu'à ce que sa corne effleure le visage du garçon.

— Ha ! Il appartient à Henry ! s'exclama Frank.

— Comment ? Mais non ! Il est à moi ! Je l'ai trouvé, je l'ai nourri et je me suis occupée de lui !

— De toute façon, nous ne le gardons pas, compléta Dotty.

— Si, Henry le garde, rétorqua Frank en souriant.

Le rigon pivota et s'assit juste devant le garçon.

— Quelqu'un te cherche, Henry, reprit son oncle.

Le garçon sentit des bulles de nervosité éclater dans son ventre.

— Ne t'inquiète pas, ajouta Frank. Les rigons n'ont jamais été employés à des fins maléfiques, à ce que je sache.

— C'est injuste, intervint Henrietta. Je n'ai jamais eu d'animal familier.

— Tu as Noiraud, la reprit Anastasia.

— Frank, nous n'avons pas vraiment terminé…, le rappela à l'ordre Dotty.

— Tu as raison. Je vais replâtrer le mur ce week-end, et

si je surprends le moindre bruit suspect, vous irez dormir dans la grange. Si vous retrouvez la clé de la chambre de papi, vous êtes sommés de la remettre sans délai à la reine du foyer.

— C'est-à-dire moi, compléta Dotty pour éviter tout malentendu.

Lorsque tout le monde eut vidé son assiette, Dotty demanda aux filles de débarrasser la table. Zeke se leva pour les aider, Richard pour regarder. Il suivit Anastasia dans la cuisine ; elle fit des grimaces tout le long du trajet. Frank posa une main sur l'épaule de Henry et le guida vers le porche. Le rigon les suivit d'une démarche fière.

La pluie s'était arrêtée, mais le monde était toujours plongé dans l'obscurité et trempé. La brise était tiède. Frank s'installa dans un fauteuil en osier bancal et planta un cure-dents entre ses lèvres. Henry s'assit sur la première marche et chercha des yeux le rigon. Il était perché sur la rambarde, la corne tournée vers les nuages, les ailes déployées.

— Est-ce qu'il vient de voler, oncle Frank ? Tu l'as vu ?

— Bien sûr qu'il a volé, mais je n'ai rien vu. Les rigons sont des animaux fiers, surtout lorsqu'ils ont accompli leur mission, et ils n'aiment pas avoir du public. Je ne sais pas très bien pourquoi… Ils trouvent sans doute que c'est humiliant.

L'étrange créature était à portée de sa main, pourtant Henry n'arrivait pas à croire à son existence.

— Qui serait à ma recherche ?

— Quelqu'un qui t'aurait perdu…

Henry le dévisagea.

— Je t'ai dit que Phil et Ursula n'étaient pas tes vrais parents, Henry.

— Je croyais que j'avais été adopté.

— Oui, mais ce n'était pas une adoption classique… Papi

a toujours prétendu t'avoir trouvé sur le seuil de la maison, mais le mensonge ne lui a jamais fait peur.

— J'ai lu dans son journal… que je viendrais de l'autre côté. Tu crois que c'est vrai ?

Frank s'adossa.

— Mon expérience m'a appris que les découvertes de papi avaient généralement un rapport avec le grenier, dit-il en pointant son cure-dents vers le rigon. Il n'y a pas beaucoup d'animaux de compagnie comme celui-ci de ce côté…

Henry l'examina : il avait toujours la corne tournée vers le ciel, mais ses yeux étaient clos. Frank s'éclaircit la gorge.

— Dots et moi voulions te garder, mais c'est Phil et Ursula qui ont obtenu ta garde. Je me suis toujours senti coupable de cette décision. J'aurais aimé changer les choses.

Henry regarda son oncle et les nuages qui roulaient au-dessus d'eux, puis le rigon. L'air avait la même odeur qu'au mont Badon.

— Je ne viens pas d'ici, déclara-t-il.

— Moi non plus. Mais notre place est ici, maintenant.

Ils restèrent assis en silence à observer le monde respirer. Lorsque le vent retomba et que la nuit s'épaissit, ils écoutèrent le souffle du rigon et les rires en provenance de la cuisine.

Cette nuit-là, allongé sur son lit, Henry caressait sa cicatrice à la mâchoire en regardant les 99 portes sur le mur et en pensant à la 100e, un étage plus bas. Il s'était assuré que son lit était bien collé contre le placard noir. La présence du rigon, qui ronflait à ses pieds, le rassurait.

Henry roula sur le dos et éteignit sa lampe de chevet. Dans l'obscurité, un rai de lumière jaune lui fit cligner les yeux. Il se redressa et fixa la boîte aux lettres. Il y avait une autre lettre à l'intérieur. Il l'observa un moment, puis partit à la recherche de la clé, au milieu de ses chaussettes. Lorsqu'il eut récupéré le courrier, il s'accroupit et resta planté devant la pièce jaune un bon moment dans l'espoir d'apercevoir des jambes de pantalon. Elles n'apparurent jamais. Il finit donc par refermer la petite porte. Le rigon souleva une aile dans son sommeil.

— Je viens de l'un de ces endroits, dit-il à l'animal. Mais tu le sais, n'est-ce pas ? Et tu sais même probablement duquel.

Henry se releva et ouvrit la porte du mont Badon. Frank avait dit que l'exploration des placards était terminée, mais il comprendrait, Henry en était certain. Il se rassit en humant l'air et en écoutant le bruit des arbres. Un objet jaillit de l'obscurité et atterrit sur son lit. C'était une autre missive, cachetée avec le fameux sceau vert. Deux lettres. Il referma la porte du placard et les examina. Elles ressemblaient aux précédentes.

— Je n'en veux pas, déclara-t-il à voix haute. C'est terminé.

Il ouvrit la plus longue en premier, et ses yeux eurent un peu de mal à s'adapter à l'écriture.

Monsieur,

Je prends ma plume pour empresser la granditude de notre ordre. Vos mains soient remerciées, car elles ont libéré le seng de la dernière Endorienne. La fille du second sire retrouve sa force. Nous ouïssons son appel.

Remercifications fraternelles,

Darius,

Le champion de la dernière génération des Magi,

Sorchien de Byzanthamum

Henry lâcha la lettre comme si elle risquait de lui tacher les doigts et la poussa par terre de la pointe du pied. C'était toujours le même charabia, mais il prenait sens désormais. Il avait vu les Sorchiens en action, ou un souvenir hanté par les fantômes de leurs exactions, et il ne voulait pas de leurs « remercifications ». Ni de rien de ce qui venait d'eux.

Il effleura le sceau vert sur l'autre lettre, qui se rompit aussitôt, et déroula le parchemin.

Déclaration du Comité Central des Fées pour la Prévention des Incidents (district R. R. K.)

Autorisée par le directeur du Comité dans le cadre des mesures exécutives (Livre des Fées, X, vii)

Remise sur le mont Badon (district A. P.)

À qui de droit,

Il a été porté à la connaissance du comité que le Pleurnicheur (ci-après nommé L. P.) a aidé, encouragé et participé à l'exhumation, ainsi, potentiellement, qu'au rétablissement d'un mal ancien, et qu'il représente un danger pour le peuple des Fées et la tapisserie de la réalité. En conséquence, L. P. sera considéré comme un ennemi, un péril et une erreur humaine par toutes les Fées de tous les districts, de tous les mondes et en toutes les manières.

Son identité a été portée à la connaissance de tous, et son statut modifié en conséquence. Quiconque viendrait à croiser L. P. serait autorisé par le Comité, non, serait même expressément invité à l'empêcher d'agir, l'emprisonner, le blesser ou le détruire. Pareil traitement, infligé par une Fée de n'importe quel territoire, serait jugé juste, nécessaire, miséricordieux et inévitable.

Ralph Radulf

Président du CCFPI

Henry s'allongea sur son lit et fixa l'affiche au plafond. Puis il décocha un coup de pied dans le mur. Il n'avait rien demandé. Il n'avait pas voulu libérer une sorcière. D'ailleurs, il n'avait eu que peu de responsabilité dans tout ceci. Il est vrai qu'il avait arraché le plâtre du mur et découvert les placards, il ne pouvait le nier. Mais, même là, ce n'était pas sa faute. Il se redressa sur les coudes.

— C'est à cause de toi, dit-il en taquinant le rigon de la pointe des orteils. Il fallait que tu te mettes à cogner.

L'animal s'ébroua, comme un cheval qui voudrait chasser une mouche, et s'assit. Il fixa Henry de ses yeux noirs, puis bâilla avant de monter sur les jambes du garçon. Henry se rallongea et le rigon vint se rouler en boule sur sa poitrine.

— C'est à cause de toi... répéta-t-il en souriant. Je n'ai rien fait du tout, je ne suis qu'un figurant.

*

* *

En dessous, Dotty ouvrit les yeux.

— Frank ?

— Mmmm...

Elle s'assit dans le lit.

— Henry York, j'espère pour toi que tu n'es pas en train de faire ce que je soupçonne.

La main de Frank l'empêcha de se lever.

— Tout ira bien.

Épilogue

Le chat était gras, il se nourrissait d'ordures et des restes qu'on lui jetait par la fenêtre de la cuisine ainsi que, occasionnellement, de rats gavés et paresseux. Il était noir, à l'exception de sa tête et de sa queue qui étaient blanches. Il n'avait pas à sa connaissance de nom, pourtant quelqu'un l'appelait. Quelqu'un qui avait besoin de lui.

Il montait rarement dans la pièce où se trouvait le vieil homme, la pièce avec toutes les portes. Elle lui donnait des frissons. Cette fois, pourtant, il traîna sa grosse bedaine dans l'escalier. Il dépassa les cadavres froids d'un jeune sorcier, de deux autres humains et enfin celui d'un chien.

Une fois qu'il fut dans la salle du trône, l'appel le galvanisa. Devant l'une des arcades drapées de lourds rideaux se tenait une femme, face à un planton, qui avait survécu à l'attaque. Elle était à la fois vieille et jeune, faible et forte. Elle était toute-puissante, mais elle avait besoin de la sagesse, de la vue du chat. Il sauta dans ses bras et, aussitôt, elle s'immisça en lui et prit le contrôle de son esprit.

— Comment t'appelles-tu ? demanda-t-elle au soldat.

Il ne détourna pas le regard.

— Monmouth. Et vous ?

Le rire de la sorcière emplit la salle de ses échos.

— Tu n'es même pas un apprenti sorcier et tu me poses cette question ? Je me suis nourrie de la vie de tes maîtres, qui gisent à tes pieds, et tu m'interroges sur mon nom ? dit-elle en s'approchant de lui.

— En effet, répondit-il sans tressaillir.

Elle fit un pas de plus, en caressant la tête du chat.

— Va réveiller ton maître cacochyme, Carnassus, et dis-lui ceci, si ta bouche supporte ces mots : Nimiane, la reine redoutée d'Endor, la dernière descendante de la lignée de Niac, dont la voix détruisit la magie des Fitz-Féeric, brisa le pouvoir d'Amram et mit en terre Merlinis, autrefois soumise par Mordecaï, le fils d'Amram, s'est libérée de ses chaînes, comme ses ancêtres se sont défaits du sang d'Adam. Elle vient voir si un vieillard se rappelle les promesses qu'il a faites dans sa jeunesse. Les Sorchiens reprennent du service...

Ce roman vous a plu ?

Donnez votre avis sur :
www.Lecture-Academy.com

Les portes du royaume oublié ont été ouvertes... Qui sait réellement ce qui menace désormais Henry ? Accompagné d'Henrietta, il est prêt à découvrir ce qui se cache dans les autres mondes !

Voici les premières pages du tome 2 de

LES PORTES DU ROYAUME OUBLIÉ

Le Kansas n'est pas facile à impressionner. Il a vu voler des maisons et des vaches. Les petites tornades qui s'abattent sur les champs de blé sont souvent suivies de chutes de grêle. L gros grains de glace libèrent parfois, en fondant, des tortues, des souris, des poissons, et même, exceptionnellement, des hommes. Et rien de ceci ne surprend le Kansas.

Au Kansas, Henry York avait assisté à des phénomènes extraordinaires, qui n'étaient pas de ce monde. Mais le Kansas, lui, n'avait pas bronché.

Les semelles des chaussures de Henry se trouvaient six mètres au-dessus du sol. Il avait réussi à faire coulisser la lourde porte de la soupente, dans la grange. Après s'être frotté les mains pour en chasser les traces de rouille et de peinture rouge, il s'était assis sur les planches poussiéreuses afin de contempler les plantations. Les pieds de Henry pendaient dans le vide, et le Kansas s'étendait à perte de vue.

Henry avait bien changé depuis le jour où il était descendu du bus en provenance de Boston, quelques petites semaines auparavant. Après l'avoir noyé sous ses baisers, tante Dotty l'avait mené à la vieille ferme avec son grenier. À une nouvelle existence. Ce changement se voyait physiquement, d'ailleurs, sans parler de l'estafilade sur le dos de sa main. Si la cicatrice était aussi vilaine, c'était uniquement parce qu'il passait son temps à la gratter. Les brûlures sur le bas de son visage étaient beaucoup plus visibles, même si, elles aussi, avaient commencé à guérir. Il n'aimait pas les toucher, mais il y était bien contraint. En particulier celle qui se trouvait sous son oreille. Elle formait une boursouflure de la taille d'une phalange.

Mais le principal changement était intervenu dans la tête de Henry York. Le monde qu'il avait toujours connu lui était apparu comme un mensonge. Henry avait réveillé un univers inconnu, et il était loin de l'avoir apprivoisé. Depuis qu'il avait découvert qu'un mur entier du grenier était couvert de portes, il ne savait plus qui il était. Il ne savait plus qui étaient ses véritables parents, ni s'il se trouvait dans le bon monde. Il ne savait plus vraiment rien. Étrangement, c'était plus confortable que le contraire.

Un mois plus tôt, fraîchement débarqué du bus, il aurait tremblé de s'asseoir à cet endroit, de taper doucement ses talons contre le mur de la grange. Un mois plus tôt, il ne se serait jamais cru capable de frapper une balle de baseball. Un bruit de respiration dans son dos attira son attention. Un mois plus tôt, le monde était encore normal, et les créatures comme celle qu'il découvrit en se retournant n'existaient pas.

Le rigon flaira bruyamment et s'assit sur son derrière. Ses ailes étaient repliées sur son épaisse peau gris foncé, et sa corne émoussée, comme toujours, tournée vers le ciel. Henry sourit, comme chaque fois qu'il voyait la bête. Elle était à la fois si fière et si peu consciente de son apparence. Avec son allure de basset ailé, sa peau et sa tête de rhinocéros, elle était loin d'être belle, ce qui ne l'empêchait pas d'être aussi orgueilleuse et têtue qu'un paon. Elle venait d'un autre royaume, elle avait été envoyée sur la trace de Henry. Le rigon était la cause de tous ces bouleversements. Ou plutôt celui qui l'avait chargé de cette mission était la cause de tous ces bouleversements. Et Henry se demandait de qui il s'agissait.

— Si tu pouvais te voir, tu saurais à quel point tu es bizarre ! lança-t-il à l'animal en l'attrapant par la peau du cou.

On aurait dit que des miettes de gâteau étaient prises dans ses plis. Henry la fit glisser entre ses doigts, et le rigon ferma ses yeux noirs. Une faible plainte monta de sa poitrine.

— Je rêve de te voir voler, déclara Henry, pourquoi es-tu aussi têtu ?

Il regarda le vide sous ses pieds, puis reporta son attention sur le rigon. Il lui suffisait de le pousser, il serait obligé de déployer ses ailes. Sauf si son orgueil était tel qu'il choisît de se laisser tomber dans les hautes herbes.

— Un jour ou l'autre, je parviendrai à mes fins...

Le soleil déclinait, et il ne faudrait plus longtemps pour que l'ombre de la grange s'étire sur plusieurs arpents. Pire, il ne faudrait plus longtemps pour que ces champs, cette grange, et le Kansas n'appartiennent plus qu'au passé de Henry. Ses parents étaient enfin revenus de leur voyage à bicyclette. Il n'avait pas encore eu de leurs nouvelles, ce qui n'avait rien d'étonnant. Il en avait déjà rarement en temps normal, et, cette fois, ils avaient trouvé le moyen de se faire kidnapper : l'effervescence du retour n'en serait que plus grande, et ils mettraient un bon moment à se souvenir de son existence. Malheureusement, ça ne durerait pas toujours. S'ils avaient eu voix au chapitre, ils ne l'auraient jamais envoyé chez son oncle et sa tante. Maintenant qu'ils étaient revenus, ils ne le laisseraient pas faire sa rentrée au Kansas, ni même y passer la fin de l'été. Il retrouverait Boston, un nouveau régime vitaminé, une nouvelle nounou, et la pension. Peut-être irait-il dans une nouvelle pension. La troisième.

Son père et sa mère. Il les considérait toujours comme ses parents. Avaient-ils eu l'intention de lui raconter un jour que papy l'avait trouvé dans le grenier ? Probablement pas. Henry se fichait d'avoir été adopté, en revanche il avait plus de mal à accepter qu'ils n'aient jamais été ses vrais parents.

La veille, il les avait vus à la télévision. Il était en train de touiller ses céréales en écoutant sa plus jeune cousine, Anastasia, se plaindre de Richard, lorsque son oncle l'avait appelé. Il s'était précipité dans le salon, et Frank lui avait indiqué l'écran. Phillip et Ursula, assis sur la banquette inconfortable d'un studio de télévision quelconque, souriaient en hochant la tête. Ils avaient tous deux les mains croisées sur les genoux. Ursula regardait sans arrêt la caméra. Elle ressemblait à tante Dotty, avec des traits plus durs. Ils avaient raconté leur incroyable capacité d'endurance et la difficulté de traverser les Andes à bicyclette, ils avaient expliqué qu'ils n'avaient jamais perdu l'espoir de terminer leur périple même après leur enlèvement en Colombie, qu'ils avaient reçu un gros chèque pour écrire un livre et qu'ils étaient en pourparlers avec des producteurs de cinéma.

Henry se souvenait de tout ce qu'ils avaient dit, mais il y avait deux éléments en particulier que sa mémoire retenait, qui étaient comme gravés dans le marbre.

— Vous sentez-vous plus proches l'un de l'autre ? leur avait demandé la journaliste. Après avoir traversé toutes ces épreuves ?

Ursula s'était penchée en avant, Phillip en arrière.

— Vous savez, avait-elle répondu, nous avons tous deux beaucoup changé au cours de cette aventure. Nous avons vraiment besoin de réapprendre à nous connaître, mais, d'abord, nous devons réapprendre à nous connaître nous-mêmes.

Phillip avait acquiescé. Henry était presque sûr de comprendre ce que cela signifiait. La journaliste les avait ensuite interrogés à son sujet.

— Vous avez un fils, je ne me trompe pas ?

— En effet, avait acquiescé son père.

— Notre petit Henry, avait ajouté Ursula en souriant.

— Les retrouvailles ont dû être très émouvantes.

— Oh, c'était merveilleux, avait répliqué Ursula. Bouleversant. Un bouleversement comme seule une mère peut en connaître.

— C'était très excitant, avait complété Phillip.

Il avait éprouvé une sensation étrange en voyant ses parents mentir. Oncle Frank lui avait tapoté l'épaule et tante Dotty l'avait serré dans ses bras. Anastasia avait ouvert la bouche, mais Penelope, l'aînée de ses cousines, et la plus sensible, l'avait pincée avant qu'un seul mot n'ait eu le temps d'en sortir. Henrietta avait chassé des mèches bouclées de ses yeux et l'avait dévisagé. C'était avec elle que Henry avait ouvert les portes du grenier, ensemble, ils avaient exploré des mondes étranges, et pourtant elle continuait à le tester, à guetter des signes de faiblesse. Elle cherchait à savoir si Henry était triste, il en avait la certitude. Et il ne l'était pas. En tout cas, pas à cet instant.

Richard, qui était toujours au mauvais endroit au mauvais moment, était sorti de la pièce précipitamment.

— Qu'est-ce que je vais faire ? demanda Henry au rigon. Je ne resterai pas ici, et tu ne pourras pas m'accompagner. Tu finirais dans un zoo. Ou un cirque.

Un souffle chaud caressa les champs, qui ondulèrent comme une mer épaisse. Le rigon n'ouvrit pas les yeux, mais ses naseaux tressaillirent.

— C'est encore pire pour Richard.

Henry s'inquiétait beaucoup au sujet du garçon maigrichon qui avait traversé un placard pour le suivre au Kansas.

— À moins de rester ici éternellement, il sera obligé de retourner de l'autre côté. Pas forcément chez lui, d'ailleurs. Sauf si Anastasia le tue avant.

En bas, du côté opposé de la grange, lui parvint le grincement d'une vieille porte qu'on ouvrait.

— Henry York ! cria oncle Frank.

— Oui ?

Il entendit des bruits de pas sur le plancher en dessous. Ils s'arrêtèrent. Les barreaux de la vieille échelle se mirent à soupirer. À deux mètres de l'endroit où se tenaient Henry et le rigon, la tête d'oncle Frank émergea. Henry lui adressa un sourire, mais il n'en reçut pas en retour. Frank avait le regard perdu par la porte ouverte, dans les champs. Quand il eut hissé sa maigre carcasse sur la soupente, il vint s'asseoir à côté de Henry, et caressa le rigon sous le menton. Il parcourut des yeux le ciel, puis la mer de blé.

— Sois prudent, fiston, il y a des endroits qui te collent à la peau. Sans t'en rendre compte, les quitter peut se révéler plus douloureux que nécessaire.

Henry détailla le visage de son oncle. Il était osseux et tanné. Ses yeux plissés étaient tournés vers l'horizon, comme un marin à la recherche d'une terre qu'il se sait pourtant condamné à ne jamais trouver. L'expression de son visage n'éclaircissait pas le sens de ses paroles. Ce n'était d'ailleurs jamais le cas. Oncle Frank avait débarqué au Kansas dans son adolescence : il était, lui aussi, une victime des placards. Henry se demandait dans combien de temps il finirait par lui ressembler, par être comme un objet emprunté et jamais rendu, qui n'a pas l'air à sa place et qui pourtant prend la poussière. Au moins oncle Frank avait des souvenirs, lui. Il savait ce qu'il avait perdu, même s'il n'en parlait jamais. Contrairement à Henry.

Frank fit craquer ses articulations et se recula.

— Les champs n'ont pas la même odeur, selon les saisons. Ils n'ont pas non plus le même son. Les champs verts bruissent, les champs dorés crissent.

— Quand aura lieu la récolte ?

— Bientôt. Au moment où le jaune vire au blanc. Tu verras les moissonneuses-batteuses, même si tu pars avant qu'elles n'aient terminé.

Henry regardait le vent fatiguer les blés.

— Je dois partir, n'est-ce pas ?

— Oui.

— Si seulement...

— Tu sais ce qu'on dit, avec des si...

— Oui ?

— On mettrait le Kansas en bouteille.

Henry faillit sourire. Il s'attendait à une chute dans le genre. À côté de lui, le rigon ronflait. Toujours assis, il avait la gueule entrouverte, la tête pendante, et sa corne n'était plus dressée fièrement. Henry le coucha sur le flanc.

— J'aimerais savoir combien de temps il me reste. Je ne supporte même plus de rester dans la maison. Chaque fois que le téléphone sonne, je crains qu'on ne m'annonce que quelqu'un arrive pour venir me chercher.

— Tu as jusqu'au 3 juillet. Quinze jours. J'ai reçu une lettre aujourd'hui.

— Pourquoi le 3 ? Qui a envoyé cette lettre ?

Frank allongea la jambe pour plonger la main dans la poche de son jean. Il lâcha une enveloppe chaude et froissée sur les genoux de Henry.

— Je suis ici pour t'en parler, justement. C'est un avocat qui l'a écrite. Phil et Ursula se séparent. Ils doivent régler la question de la garde la semaine prochaine. Quand ils auront décidé qui s'occupera de toi, tu partiras.

Henry ouvrit la lettre. Elle était adressée à ses oncle et tante et ne contenait rien de plus que ce que Frank venait de lui expliquer.

— Deux semaines. Je raterai le feu d'artifice[1].

— Ça pourrait être bien plus court. La lune fait le tour de la moitié du globe en quinze jours.

Ils restèrent assis là, à écouter le rigon ronfler. Au bout d'un moment, Frank se releva et s'étira.

— Anastasia viendra te chercher quand le dîner sera prêt, dit-il en empruntant l'échelle.

Henry hocha la tête sans se retourner.

Lorsque la voix d'Anastasia le surprit, Henry avait toujours les jambes dans le vide, mais il s'était allongé. Il se redressa en position assise et observa la lettre dans sa main. Il la replia et la glissa dans l'enveloppe.

— Henry ! cria-t-elle de nouveau.

— J'arrive ! dit-il en jetant la missive au vent.

Il la vit tournoyer puis atterrir dans les hautes herbes ondulantes, au pied de la grange.

— Tu peux aller où ça te chante, lui lança-t-il en se levant.

Il laissa le rigon dormir et descendit l'échelle. Anastasia était déjà repartie.

Il y avait du monde à table, mais seule Anastasia était d'humeur diserte. Henry et Richard étaient assis côte à côte, face aux trois cou-

1. La fête nationale américaine a lieu le 4 juillet.

EXTRAIT - EXTRAIT - EXTRAIT - EXTRAIT - EXTRAIT - EXTRAIT - EXTR

sines de Henry. Richard portait un sweat-shirt jaune moulant qui représentait un poney galopant, emprunté, de force, à Anastasia. Il grattait le plâtre bleu de son poignet. Le regard perdu dans le vide, oncle Frank tenait sa fourchette en l'air sans bouger, tandis que tante Dotty servait des nouilles au beurre en souriant. Henry observa Penelope. Elle chassa ses longs cheveux noirs en arrière, et lui adressa un sourire, les lèvres serrées. Sa voisine était Henrietta, qui avait des boucles en bataille et le menton posé sur la main. Elle dévisageait Henry, mais lorsque leurs regards se croisèrent elle piqua du nez vers l'endroit où se trouverait son assiette dès que sa mère la lui aurait rendue. À côté, Anastasia, toute petite sur sa chaise, babillait joyeusement.

— Quand Henry partira, on gardera le rigon, non ? Tu aurais dû lui donner un nom, Henry. Je t'écrirai pour te dire celui que nous aurons choisi. Ça te plairait que je t'écrive ?

Henry haussa les épaules.

— Et qu'est-ce qu'on va faire de Richard ? demanda-t-elle en se tournant vers ce dernier. Il ne pourra pas rester ici pour toujours à me piquer mes vêtements.

— Ne sois pas malpolie, la reprit Penelope.

— Je ne le suis pas. Maman ?

Dotty opina. Après avoir tendu la dernière assiette, elle se rassit, faisant rebondir quelques mèches frisées sur son front.

— Sois gentille, Anastasia.

— Je ne suis pas méchante, je suis honnête. On devrait le renvoyer là d'où il vient.

— Anastasia ! s'écria sa mère.

Richard releva le visage, qui paraissait encore plus pâle que d'habitude à cause du sweat-shirt jaune.

— Si vous avez l'intention de discuter de mon cas, dit-il les sourcils haussés, j'aimerais autant ne pas assister à la conversation.

— Non, répondit aussitôt Dotty.

— Je veux récupérer mes vêtements, grommela Anastasia.

— Frank ? demanda Dotty. Tu pourrais être là, s'il te plaît ? Dans ce monde, avec nous. Rien qu'un moment.

Frank prit une profonde inspiration et se tira de sa torpeur.

— Quand bien même c'est ce que nous voudrions, nous ne pourrions pas le renvoyer. Il nous faudrait le grand placard de la chambre de papy, or la porte de cette pièce est à nouveau condamnée. Je n'essaierai plus d'en venir à bout avec une tronçonneuse, et les placards du grenier sont trop petits, même en le pliant en trois.

— Je n'en crois pas mes oreilles, répondit Dotty. Frank Willis, tu avais promis de condamner ces placards, et tu avais juré que plus personne ne parlerait de les utiliser. Tu veux donc que quelque chose arrive ?

L'espace de quelques instants, Frank demeura parfaitement immobile, sans bouger ni sa mâchoire ni sa fourchette. Puis, il lança :

— Peu importe. Je n'ai pas la clé de papy.

Et il enfourna une bouchée de nouilles.

Henry pensait exactement à la même chose. Un des murs de sa chambre, dans le grenier, était couvert de portes, et, si aucune ne menait à Boston, l'une d'entre elles pouvait le ramener à l'endroit où il était né et d'où provenait le rigon. Ces placards étaient comme autant de fenêtres reliant ce monde à d'autres, mais ils ne lui étaient d'aucune utilité tant qu'il ne pouvait pas se servir de celui dans la chambre de papy : c'était le seul à être suffisamment grand pour qu'il puisse se faufiler à l'intérieur. Il avait récupéré le journal intime de son grand-père, dans lequel étaient notées les combinaisons permettant de faire coïncider chacune de ces petites portes avec le grand placard, mais tant que la chambre était fermée...

— C'est Henrietta qui a la clé, intervint Anastasia. Je vous l'ai répété cent fois, mais vous ne voulez pas m'écouter.

Henrietta abattit sa fourchette sur la table en levant les yeux au ciel.

— Je n'ai rien du tout.

— Elle ne l'a pas rangée dans une de ses cachettes habituelles, poursuivit Anastasia, mais je la retrouverai.

Henry se leva.

— Est-ce que je peux monter dans ma chambre ? demanda-t-il à sa tante. Je n'ai pas vraiment faim.

Dotty l'observa en fronçant les sourcils.

— Que comptes-tu faire ?

— Rien, dit-il en retenant un sourire. Je n'ai pas la clé de papy de toute façon.

Arrivé sur le palier du premier étage, Henry se figea. Les voix mêlées d'Anastasia et de Henrietta lui parvinrent, et il s'efforça de chasser ce bruit de sa tête. Il observa la porte de la chambre de papy. Elle n'avait plus de poignée. Elle avait été attaquée à coups de hache, de tronçonneuse et même de formules magiques, mais rien n'y avait fait, elle était parfaitement close. Sans la clé, elle ne s'ouvrirait pas. Tous ses espoirs de découvrir d'où il venait se trouvaient derrière cette porte.

Henry contourna la rambarde pour venir se placer juste devant le panneau mutilé. De son gros orteil, il taquina les lambeaux du tapis que Frank avait déchiré en laissant tomber la tronçonneuse. Henry avait perdu connaissance au même endroit, quand Nimiane d'Endor avait tenté de l'étrangler. Le sang de la sorcière lui avait brûlé le visage comme de l'acide. Sa gorge se serra à ce souvenir, et son estomac fit un bond. En frissonnant, il se précipita vers l'escalier abrupt qui menait au grenier.

Il y avait pire que retourner à Boston.

Dans un recoin de la longue pièce voûtée, près de la porte menant à la chambre de Henry, il y avait le sac de couchage de Richard ainsi qu'une pile de vêtements empruntés. Richard aurait voulu dormir au pied du lit de Henry, mais ce dernier ne se sentait pas prêt à avoir un colocataire.

En pénétrant dans sa chambre, Henry se livra à son nouveau rituel. Il alluma la lumière et examina les portes sur le mur. Il y en avait quatre-vingt-dix-neuf, de toutes les formes et de toutes les tailles. Son regard fut d'abord attiré par la porte au centre, celle avec les deux gros boutons qui commandaient tous les placards. En entrant la bonne combinaison à l'aide des boutons, on pouvait sélectionner n'importe lequel des endroits qui se trouvaient derrière les autres portes, et y accéder en se faufilant dans le placard de la chambre de papy. C'était par cette porte que le rigon était arrivé au Kansas.

Après avoir laissé ses yeux courir sur le grain sombre du bois et ses incrustations, sur le vernis écaillé et les charnières rouillées, sur les différentes couleurs, textures et formes, Henry s'approcha de son lit. Il le tira vers lui pour l'écarter du mur et découvrir les deux dernières rangées de placards qu'il dissimulait. Il retint son souffle avant de s'accroupir pour observer la porte noire avec un bouton doré au centre, tout en bas. La porte numéro 8. La porte d'Endor.

Henry vérifia du bout des doigts les quatre vis qu'oncle Frank avait posées pour la sceller avant de se redresser vivement et de pousser le pied de son lit contre. Alors seulement il libéra sa respiration. Il savait que Nimiane ne se cachait plus derrière cette porte. Elle se trouvait derrière celle que Henrietta avait choisie au hasard, tandis que la sorcière et lui-même étaient inconscients. Il avait entendu le récit plusieurs fois : la batte de baseball qu'elle avait prise sur la tête, sa peau glaciale. Anastasia persistait à dire qu'ils auraient dû la poignarder dans le cou. De peur qu'elle se réveille, ils l'avaient poussée dans le grand placard et sélectionné une destination. Elle n'était plus à Endor, pourtant Henry trouvait ces vis réconfortantes.

Lorsqu'il eut repris son souffle, il ouvrit la porte 56, celle du Mont Badon. Il s'assit sur son lit et attendit que l'air pénètre dans sa chambre. Ce n'était que lorsque l'odeur de la mousse et de la pluie lui chatouillait les narines, lorsqu'il sentait le vent qui balayait les feuilles des arbres venir l'envelopper que Henry avait le sentiment d'être véritablement dans sa chambre.

Il s'allongea sur son lit et poussa un soupir. Ces portes l'effrayaient et l'attiraient à la fois. Derrière l'une d'elles, il y avait le monde où il était né, sa famille. Il avait au moins six frères aînés, à en croire le vieux sorcier qu'il avait rencontré dans la salle du trône glaciale, où il avait atterri la première fois qu'il avait voulu explorer un placard. Il leva les yeux vers la porte numéro 12. Le sorcier connaissait Henry, il serait capable de lui révéler ses origines. Mais il était atroce. Henry chassa de sa mémoire ces

TRAIT - EXTRAIT - EXTRAIT - EXTRAIT - EXTRAIT - EXTRAIT - EXTRAIT

souvenirs. Il n'avait aucune raison d'imaginer qu'il venait d'un endroit plaisant, que le vieil homme ratatiné sur son trône noir qui gobait des asticots lui avait dit la vérité, ou que sa famille était encore en vie. Et que, si c'était le cas, ils voulaient de lui. Les enfants désirés sont rarement fourrés dans un placard.

Il y avait le rigon, cependant. On les envoyait pour rechercher des personnes disparues. Quelqu'un souhaitait donc le retrouver.

Henry souffla de nouveau. Pourquoi oncle Frank avait-il abandonné ses tentatives pour rentrer ? Avait-il peur, lui aussi ? Frank avait Dotty et leurs filles, cependant. Personne ne le remettrait dans un bus pour Boston d'ici quinze jours.

— Quinze jours, répéta-t-il à voix haute.

Il tourna la tête vers le coin de sa chambre où, une semaine plus tôt, Frank avait déposé un petit rouleau de grillage et un pot de 20 kilos d'enduit. Le grillage devait servir à recouvrir les portes et solidifier l'enduit. Frank n'y avait pas touché depuis qu'il les avait apportés. Il avait préparé l'enduit, puis il l'avait laissé. Le pot était aussi dur qu'un bloc de pierre maintenant.

— Je pourrai revenir quand j'aurai dix-huit ans, lança Henry, même s'il doutait que Frank puisse faire patienter Dotty aussi longtemps.

Un ou deux ans peut-être, pas plus de cinq en tout cas.

Quelqu'un gravissait les marches menant au grenier. Henry s'assit et referma silencieusement le placard du Mont Badon. La porte de sa chambre s'ouvrit en grand, révélant Henrietta, le rigon coincé sous un bras. Il lui échappa aussitôt et sauta sur le lit. Henrietta huma l'air, et ses yeux glissèrent vers la porte 56. Ils ne s'étaient pas parlé depuis longtemps, et ils restèrent silencieux un moment.

— Henrietta, j'ai besoin de la clé de papy.

Elle n'évita pas son regard.

— Inutile de me mentir, poursuivit Henry. Les événements se sont précipités, sur la fin, mais je sais parfaitement que je n'ai pas gardé la clé, et tu es la seule autre à pouvoir l'avoir.

Henrietta croisa les bras et fixa le mur.

— Je serais ravi de rester ici, mais c'est impossible. Deux semaines, Henrietta, et je retourne à Boston. J'irai en pension, et, l'été, ils m'enverront quelque part. Je ne pourrai pas revenir avant d'avoir l'âge de les quitter ou de m'inscrire à la fac... Il ne faut pas que je sois là quand ils viendront me chercher. Il faut que je reparte de l'autre côté, et tu as la clé, Henrietta. Tu dois me la donner.

Elle s'assit sur le lit à côté de lui.

— Je sais bien. Je l'ai enterrée derrière la grange.

EXTRAIT - EXTRAIT - EXTRAIT - EXTRAIT - EXTRAIT - EXTRAIT - EXTR

Cet extrait vous a plu ?
Découvrez le tome 2 de

LES PORTES DU ROYAUME OUBLIÉ

(prochainement en librairie)

Pour savoir quand ce titre sera disponible, inscrivez-vous gratuitement à la newsletter du site :

www.Lecture-Academy.com

Composition MCP - *Groupe JOUVE* - 45770 Saran
N° 379542T

Imprimé sur Timson
par Rodesa en Espagne

« Pour l'éditeur, le principe est d'utiliser des papiers composés de fibres naturelles, renouvelables, recyclables et fabriquées à partir de bois issus de forêts qui adoptent un système d'aménagement durable. En outre, l'éditeur attend de ses fournisseurs de papier qu'ils s'inscrivent dans une démarche de certification environnementale reconnue. »

20.16.1688.9/01 - ISBN 978-2-01-201688-0
Dépôt légal : Septembre 2009

Loi n° 49-956 du 16 juillet 1949
sur les publications destinées à la jeunesse.